GW01191498

Primer plano 3

Libro del alumno

Germán Ruipérez García

Blanca Aguirre Beltrán

José Carlos García Cabrero

Esperanza Román-Mendoza

edelsa
GRUPO DIDASCALIA, S.A.
Plaza Ciudad de Salta, 3 - 28043 MADRID - (ESPAÑA)
TEL.: (34) 914.165.511 - (34) 915.106.710
FAX: (34) 914.165.411
e-mail: edelsa@edelsa.es
www.edelsa.es

Primera edición: 2002
Impreso en España / *Printed in Spain*

© Edelsa Grupo Didascalia, S.A. Madrid, 2002

© del texto: Germán Ruipérez García, Blanca Aguirre Beltrán, José Carlos García Cabrero,
Esperanza Román-Mendoza.

Dirección y coordinación editorial: Departamento de Edición de Edelsa.
Diseño de cubierta: Departamento de Imagen de Edelsa.
Diseño y maquetación de interior: Dolors Albareda.

Fotomecánica e Imprenta: Peñalara.

ISBN: 84-771-450-1
Depósito legal: M-26055-2002

Fuentes, créditos y agradecimientos:

Imágenes del vídeo: págs. 21, 36, 37, 52, 69, 85, 101.

Fotografías:
Brotons: págs. 50 (Mezquita, Santa María del Naranco, Catedral de Burgos, Patio de los Leones), 100
(Universidad de Salamanca, Casa de las Conchas).
Carolina García González: pág. 20.
Cover: pág. 11 (Isabel Allende).
Museo de cerámica de Barcelona: pág. 74 (La Xocolatada).
Residencia de Estudiantes: pág. 11.
Vegap: pág. 52 (Pintor y modelo).

Ilustraciones:
Julián Hormigos.

Reproducción de documentos:
Contrato de arrendamiento: pág. 96.
Guía del Ocio: págs. 78, 79 y 80.
Madrid Visión: pág. 45, 46 y 47.
Metro de Madrid: pág. 38.
Ministerio de Educación, cultura y deporte: págs. 20 (documentos), p. 32, 114.
Loterías y Apuestas del Estado: pág. 43.

Notas:
- La editorial Edelsa ha solicitado los permisos de reproducción correspondientes y agradece a todas
aquellas instituciones que han prestado su colaboración.
- Los imágenes y documentos no consignados más arriba pertenecen al departamento de Imagen de
Edelsa.

UNIVERSIDADE DE SANTIAGO DE COMPOSTELA

La Universidad de Santiago de Compostela acredita una amplia trayectoria en la formación de filólogos y profesores de lengua, así como en la enseñanza del español para extranjeros a través de sus Cursos Internacionales. Su Facultad de Filología se ha convertido, además, en un importante centro de investigaciones, entre las cuales ocupan un lugar destacado las de lingüística aplicada.

Nuestra vocación de apertura a estudiantes y profesores de todo el mundo se une a la convicción de que las lenguas -todas las lenguas- son instrumentos insustituibles no sólo para la comunicación, sino también para el buen entendimiento entre los individuos y los pueblos. Y nos interesa asimismo aprovechar las nuevas tecnologías de la información y la comunicación para mejorar los métodos y procedimientos de enseñanza del español, una lengua de creciente importancia demográfica, económica y cultural.

En este contexto se inscribe nuestra colaboración con los editores de *Primer plano*, un curso para la enseñanza del español como lengua extranjera de carácter renovador, cuya calidad y excelencia viene avalada por nuestros expertos de la Facultad de Filología y de los Cursos Internacionales. Nuestro propósito es el de contribuir desde la investigación y la experiencia docente universitarias al refrendo y a la producción de unos materiales de español para extranjeros acordes con las nuevas exigencias de la sociedad del conocimiento y de la información.

Darío Villanueva
Rector de la Universidad de Santiago de Compostela

PRIMER PLANO 3 es un curso de español para extranjeros centrado en las necesidades comunicativas de estudiantes adultos que desean adquirir un nivel avanzado en sus conocimientos del español. Está basado en situaciones de comunicación grabadas en vídeo y en una metodología que incorpora las modernas tecnologías de la comunicación.

PRIMER PLANO 3 continúa el proceso iniciado con Primer Plano 1, dirigido a alumnos principiantes, y Primer Plano 2, dirigido a alumnos con conocimientos básicos. En el tercer nivel presenta una orientación pragmática del proceso de enseñanza-aprendizaje, con el fin de desarrollar la competencia lingüística comunicativa (lingüística, sociolingüística y pragmática) requerida para desenvolverse de forma efectiva y eficaz en ámbitos cotidianos y académicos.

Para el diseño de **PRIMER PLANO 3** se han tenido en cuenta, por una parte, las directrices del Marco de referencia europeo para el aprendizaje, la enseñanza y la evaluación de lenguas, así como las precisiones del Plan Curricular del Instituto Cervantes para el nivel avanzado; por otra, las teorías sobre la adquisición de lenguas y la incidencia de las nuevas tecnologías en ese proceso de enseñanza-aprendizaje.

Las características principales de **PRIMER PLANO 3** son:
- Diversidad de situaciones reales de comunicación grabadas en distintos soportes.
- Integración de los aspectos culturales y de civilización del mundo hispánico: literatura, arte, cine, etc., con los contenidos gramaticales y los propiamente comunicativos.
- Presentación y actividades de producción de variados tipos de discurso.
- Interacción con distintos soportes de información.

PRIMER PLANO 3 se compone de los siguientes materiales: Libro del alumno, Cuaderno de actividades, casetes/CD, CD-ROM , además del Libro del profesor. Todo ello forma un conjunto coherente en el que están integrados los contenidos que aparecen recogidos en el Índice del Libro del alumno. Allí se detallan también los temas específicos del Cuaderno de Actividades (destacados en azul) y del CD ROM de cultura y civilización.

El Libro del alumno consta de una unidad introductoria sobre características culturales y lingüísticas del mundo hispánico y seis unidades o situaciones de comunicación estructuradas en las siguientes secciones:

- **Página de presentación de la unidad**, en la que se indican el tema, los objetivos comunicativos, los contenidos lingüísticos, estrategias y técnicas de aprendizaje, tipologías de textos y tareas de interacción con las nuevas tecnologías.

- **Secuencias de la vida real** comprende distintas secciones:

  - Prácticas del vídeo, compuesta por una doble página que presenta el tema y propone actividades para activar conocimientos previos y preparar la comprensión de la situación de comunicación grabada en vídeo. A continuación se realizan actividades que evalúan el control de la comprensión y desarrollan aspectos socioculturales o sociolingüísticos relacionados con dicha situación.

- A escena: breve práctica de los exponentes funcionales presentados en el vídeo mediante un juego de rol.

- Permanezca a la escucha: exposición a la lengua oral, mediante la audición de diversos tipos de comunicaciones, con los mismos objetivos pero distintos registros y acentos. Esta sección permite practicar y consolidar las estrategias y técnicas de comunicación, mediante actividades de comprensión y de interacción oral.

• **Encuadre gramatical:** presenta de forma sistemática los aspectos gramaticales y facilita su aprendizaje mediante una amplia variedad de ejercicios.

• **Se rueda:** tiene como objetivo fomentar la autonomía del alumno mediante el planteamiento de enfoques metodológicos basados en tareas, simulaciones, presentaciones o proyectos, que consolidan la integración de los aspectos funcionales y gramaticales y activan el léxico.

• **Multimedia:** sección dedicada al aprendizaje por medio de la interacción con tecnologías de la información:

- Tareas en Internet: propone diversas actividades a partir de la consulta de páginas de Internet relacionadas con el tema y la situación de comunicación de cada unidad. Tiene como finalidad profundizar en aspectos temáticos y culturales.

- Tareas con el CD-ROM: propone un conjunto de actividades de comprensión y de exposición oral a partir de los contenidos del CD-ROM sobre cultura y civilización del mundo hispánico.

• **Archivo de palabras:** sección dedicada a la revisión, consolidación y ampliación del vocabulario, con especial atención a los contrastes entre la variante peninsular y algunas hispanoamericanas.

El Libro del alumno incluye un CD-ROM de cultura y civilización hispanas. A partir de un vídeo introductorio para cada episodio, el usuario dispone de un completo banco de información sobre el tema, un amplio material fotográfico, tablas-resumen de contenidos, así como enlaces a Internet para profundizar en la materia.

El Cuaderno de ejercicios, además de reforzar y ampliar los contenidos funcionales, gramaticales y léxicos de cada unidad, presenta la sección de "Versión original", con textos representativos de la literatura publicada en español, así como un conjunto de actividades orientadas a la comprensión lectora y a la expresión oral y escrita, que fomentan la reflexión sobre la lengua y sus recursos y las estrategias y técnicas de comunicación de los estudiantes de español.

Los autores

ÍNDICE
Índice

Objetivos comunicativos	• Solicitar y dar información. • Describir actividades habituales y costumbres culturales. • Definir personas, lugares, objetos y conceptos. • Hacer reclamaciones y reaccionar ante las reclamaciones. • Hacer sugerencias; aceptar o rechazar sugerencias. • Expresar el modo en que se realiza una acción. • Felicitar y hacer cumplidos; reaccionar ante un cumplido.
Contenidos lingüísticos	• Pronombres y adverbios relativos. • Oraciones de relativo. • Pretérito perfecto de subjuntivo. • Verbo *soler* + infinitivo. • Oraciones modales. • Oraciones exclamativas. • Formación de palabras: sufijos (gentilicios, diminutivos y aumentativos). • Sustantivos contables e incontables. • Entonación de las exclamaciones. • Pesos y medidas de capacidad. • ch/j/x.
Estrategias de comunicación y aprendizaje	Reglas del discurso y control de la comunicación oral: entonación y gestos. Usos sociales de la lengua. Organización y clasificación de la información.
Léxico	Alimentos, gastronomía, usos y costumbres culturales, ocio y folclore.
Textos	Descripción y recetas: *Como agua para chocolate,* LAURA ESQUIVEL.
Internet	Programar un fin de semana cultural.
Arte y Literatura (CD Rom)	Cuentos de cine. Cine de cuentos. Las adaptaciones literarias en el cine. Selección de obras literarias adaptadas. Recursos en Internet.

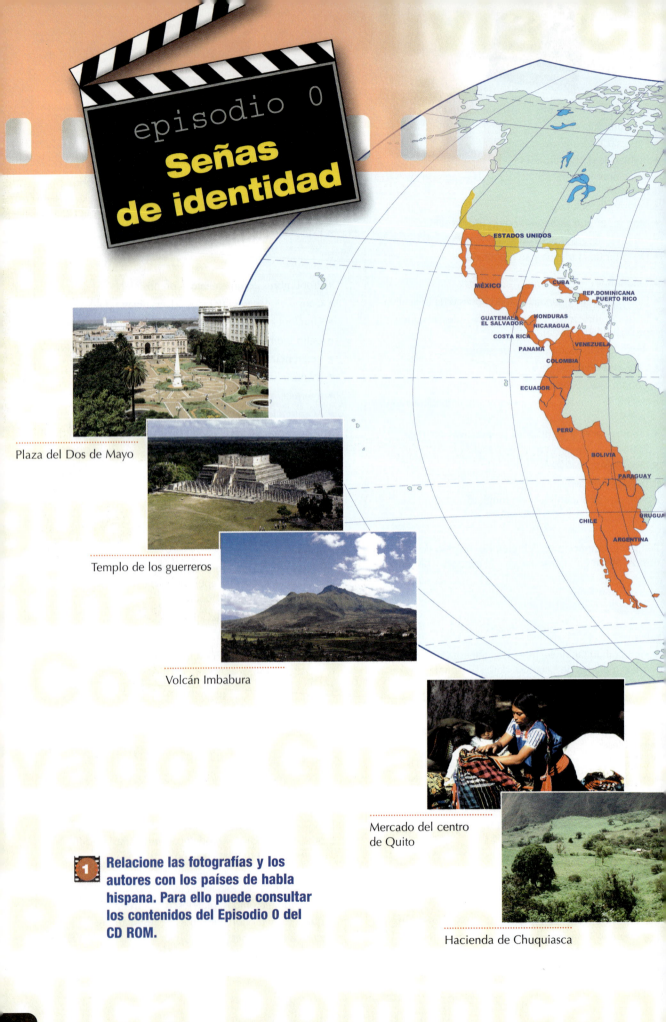

episodio 0
Señas de identidad

Plaza del Dos de Mayo

Templo de los guerreros

Volcán Imbabura

ESTADOS UNIDOS

MÉXICO

CUBA

REP. DOMINICANA
PUERTO RICO

GUATEMALA
EL SALVADOR
COSTA RICA
PANAMÁ

HONDURAS
NICARAGUA

VENEZUELA

COLOMBIA

ECUADOR

PERÚ

BOLIVIA

PARAGUAY

CHILE

URUGUAY

ARGENTINA

Mercado del centro
de Quito

1 **Relacione las fotografías y los autores con los países de habla hispana. Para ello puede consultar los contenidos del Episodio 0 del CD ROM.**

Hacienda de Chuquiasca

LENGUA OFICIAL
LENGUA NO OFICIAL
SEFARDÍ

ESPAÑA

TURQUÍA

ISRAEL

MARRUECOS

SAHARA OCCIDENTAL

GUINEA ECUATORIAL

FILIPINAS

Generación del 27

Miguel Delibes

Isabel Allende

Gabriel García
Márquez

2 **En grupos: complete el examen de conocimientos culturales:**

PERSONAJE	CAMPO PROFESIONAL	NACIONALIDAD	OBRA
Ricky Martin	Cantante		
Diego Rivera			
Rita Hayworth			
Luis Buñuel			
Carlos Gardel			Caminito
Camilo J. Cela			
Pablo Neruda			
Guillermo Cabrera Infante			
Gloria Estefan			
Mario Vargas Llosa		Peruano	
Salvador Dalí			

Antes de...

... escuchar los extractos de obras literarias en español

GABRIEL GARCÍA MÁRQUEZ
JOSEP PLA
ROSALÍA DE CASTRO
CAMILO JOSÉ CELA
ERNESTO SÁBATO
CARLOS FUENTES
RAFAEL ALBERTI

a) **Señale la nacionalidad de cada autor y su lugar de origen.**
b) **¿Qué sabe de los autores?**
c) **Compare sus respuestas con las de sus compañeros.**

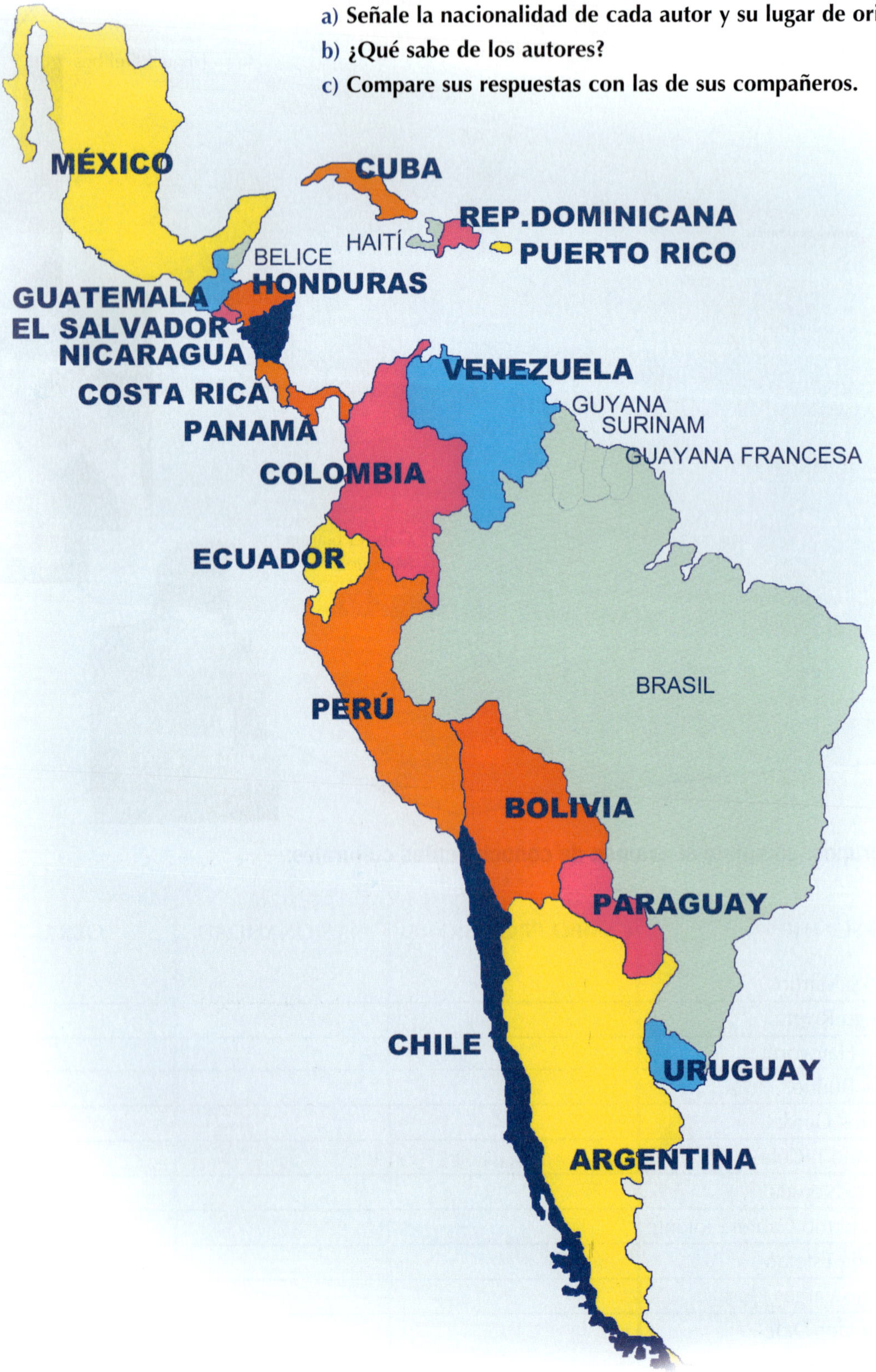

MÉXICO
CUBA
REP.DOMINICANA
HAITÍ
PUERTO RICO
BELICE
HONDURAS
GUATEMALA
EL SALVADOR
NICARAGUA
COSTA RICA
PANAMÁ
VENEZUELA
GUYANA
SURINAM
GUAYANA FRANCESA
COLOMBIA
ECUADOR
BRASIL
PERÚ
BOLIVIA
PARAGUAY
CHILE
URUGUAY
ARGENTINA

FRANCIA

PORTUGAL

MARRUECOS

Mientras...

 ... escucha los textos

a) **Trate de reconocer la procedencia de los acentos y distinguir otras lenguas españolas.**

Marque el texto leído con acento mexicano (**M**), argentino (**A**), gallego (**G**), andaluz (**AN**) o catalán (**C**).

b) **Indique el texto que trata de los siguientes temas:**
- cultura pre-hispánica
- descripción
- nostalgia del mar
- carácter español
- melancolía
- mundo rural

c) **Anote los textos que corresponden a los siguientes géneros:**

 poesía   teatro   novela   **D** ensayo

Antes de...

a) Complete el cuestionario sobre sus objetivos de aprendizaje de la lengua y las culturas hispanas:

1. ¿Por qué estudia usted español?

☐ Es una asignatura obligatoria.

☐ Me encanta aprender idiomas.

☐ Me gusta la lengua y la cultura hispanoamericana.

☐ Como lengua de trabajo.

☐ Porque voy a vivir en un país hispanohablante.

☐ Para leer literatura en español.

☐ Porque quiero viajar por España o Hispanoamérica.

☐ Necesito redactar textos académicos.

2. Para sus estudios/trabajo necesita:

a) COMPRENDER:

☐ entrevistas

☐ conferencias/presentaciones

☐ medios de comunicación

☐ conversaciones telefónicas

b) HABLAR EN:

☐ reuniones formales/presentaciones

☐ reuniones informales

☐ conversaciones informales

☐ conversaciones telefónicas

c) LEER:

☐ literatura

☐ prensa general y especializada

☐ traducir

☐ elaborar resúmenes

☐ documentos oficiales

☐ consultar información en Internet

d) ESCRIBIR:

☐ cartas

☐ tomar apuntes

☐ mensajes

☐ redacciones

☐ documentos oficiales

☐ textos académicos

3. Señale los aspectos en los que necesita mejorar:

CONOCIMIENTOS SOCIOCULTURALES

COMPRENDER

HABLAR

VOCABULARIO

COMUNICACIÓN NO VERBAL

ESCRIBIR

LEER

GRAMÁTICA

b) En grupos: revisen los contenidos del Libro del alumno y comenten las unidades y las secciones que responden exactamente a sus necesidades.

c) Estudien los materiales didácticos que componen *Primer Plano 3* y anoten los recursos y el título de las secciones más útiles para mejorar:

- la comprensión oral
  → _____
  → _____

- la expresión oral
  → _____
  → _____

- la comprensión lectora
  → _____
  → _____

- la expresión escrita
  → _____
  → _____

- el estudio y la práctica de los aspectos gramaticales
  → _____
  → _____

- la consulta de dudas sobre la gramática y otros recursos para la comunicación
  → _____
  → _____

- el vocabulario
  → _____
  → _____

- sus conocimientos de la literatura en español
  → _____
  → _____

- la familiarización con los recursos en español en Internet
  → _____
  → _____

- sus conocimientos sobre el mundo de habla hispana
  → _____
  → _____

El Juego de Primer Plano 3

Su objetivo es llegar al estudio de grabación para actuar en el vídeo de Primer Plano 3. Por tanto, gana el jugador que consiga llegar en primer lugar.

INSTRUCCIONES PARA JUGAR POR PAREJAS:

1. Sólo pueden actuar en tres escenarios, que deben elegir de entre los siguientes:

   - una entrevista
   - una visita de una ciudad
   - un periódico
   - un restaurante
   - una inmobiliaria
   - en la universidad

2. Sólo pueden hacer seis cosas, que deben elegir de entre las siguientes:

   • cocinar • cantar • bailar • dibujar • nadar • montar a caballo • viajar • hablar idiomas • tener coche • tener un diccionario • consultar el Libro del alumno • consultar a su profesor

3. Necesitan un dado y una ficha de color diferente para cada uno.

4. Coloquen su ficha en la casilla de Salida.

5. Tiren el dado. Sale primero el jugador que obtenga la puntuación más alta.

6. Por turnos: tiren el dado y avancen hasta la casilla correspondiente.

7. Si caen en una casilla con el signo **¿**, tendrán que responder a la pregunta correspondiente. Si no la contestan, se quedan en la casilla en que estaban.

8. Si caen en una casilla negra, tendrán que pasar la prueba que indique la letra de la casilla. Si no la pueden hacer, se quedan un turno sin jugar.

9. Si caen en una casilla en blanco, pueden hacer una pregunta de gramática a su compañero o ponerle una prueba libre. Si no contesta o no puede hacer la prueba, su compañero vuelve a la Salida.

10. Si caen en una casilla cuyo escenario no han elegido, se quedan un turno sin jugar. Si caen en una casilla cuya situación no han elegido, se quedan dos turnos sin jugar.

PREGUNTAS:

1. Escenario: una entrevista. ¿Qué es lo que hay que hacer para tener éxito en una entrevista de trabajo?

2. ¿Sabe cocinar? Diga los ingredientes de un plato típico de comida de su país.

3. Escenario: visita de una ciudad. ¿Tiene coche? Sugiera a su compañero un itinerario para visitar la ciudad en la que viven.

4. Escenario: un restaurante. Pida comida, bebida y postre a su compañero.

5. Escenario: un periódico. Mencione tres periódicos o revistas en español. Puede consultar el Libro del alumno, si lo ha elegido.

6. ¿Cuáles son las lenguas oficiales de España? Puede consultar a su profesor, si lo ha elegido.

7. Escenario: la universidad. Formule preguntas a su compañero sobre sus estudios o su profesión.

8. Escenario: una inmobiliaria. Debe describir un piso a su compañero.

9. Escenario: un restaurante. Sugiera a su compañero un menú típicamente español.

10. Si sabe nadar o montar a caballo, dé algunos consejos a su compañero sobre la práctica de estos deportes.

PRUEBAS:

a) ¿Sabe bailar? Baile un tango.

b) ¿Sabe cantar? Cante una canción en español.

c) Si ha elegido viajar, mencione las capitales de Honduras, Perú y Paraguay.

d) ¿Sabe dibujar? Dibuje tres frutas tropicales.

e) Escriba tres palabras en español con "j" y otras tres con "ñ". Si tiene diccionario, puede consultarlo.

f) Si habla varios idiomas, salude formalmente en español y en dos idiomas más.

g) ¿Sabe dibujar? Dibuje el plano de su casa.

h) Indique con gestos que no ha entendido algo y que se lo repitan.

i) Conteste a su compañero la pregunta que le formule sobre literatura o arte.

j) Calcule el número de libros que hay en la clase.

Fragmentos del mundo hispano

Hoy, al entrar sólo vieron calles estrechas y sucias y casas sin ventanas, de un piso, idénticas entre sí, pintadas de amarillo y azul, con los portones de madera astillada. Sí, sí, ya sé, hay una que otra casa elegante, con ventanas que dan a la calle, con esos detalles que tanto les gustan a los mexicanos: las rejas de hierro forjado, los toldos salientes y las azoteas acanaladas. ¿Dónde estarían sus moradores? Tú no los viste.

Él ve a cuatro macehuales que llegan de Tlaxcala sin bastimento, con la respuesta seca. Los caciques están enfermos y no pueden viajar a presentar sus ofrendas al Teúl. Los tlaxcaltecas fruncen el entrecejo y murmuran al oído del conquistador: los de Cholula se burlan del Señor Malinche. Los tlaxcaltecas murmuran al oído de Cortés: guárdate de Cholula y del poder de México.

(Carlos Fuentes, *Cambio de piel)*

Una niña llora sin demasiadas ganas. Las gallinas empiezan a recogerse: Un perro escuálido husmea los pies del viajero.

El viajero habla con la mujer del parador:

- ¿Cómo se llama este parador?

- No tiene nombre: Mi madre se llama Marcelina García.

El viajero no se desanima.

- ¡Buen castillo tienen ustedes aquí!

La mujer mira a los ojos del viajero.

- Sí, es muy antiguo.

(Camilo José Cela,
Viaje a la Alcarria)

Sempre un ¡ah! prañideiro, unha duda,
un deseio, unha angustia, un delor...
É unhas veces a estrela que brila,
e outras tantas un raio de sol;
é que as follas dos árbores caen,
é que abrochan nos campos as frols,
i é o vento que zoa,
i é o frío, e a calor...
e n'é o vento, n'é sol, nin é o frío,
non e... que e tan só
a alma enferma, poeta e sensibre,
que todo a lastima, que todo lle doi.

(Rosalía de Castro, *Follas novas)*

El mar. La mar.

El mar. ¡Sólo la mar!
¿Por qué me trajiste, padre,
a la ciudad?
¿Por qué me desenterraste
del mar?
En sueños, la marejada
me tira del corazón.
Se lo quisiera llevar.
Padre, ¿por qué me trajiste acá?

(Rafael Alberti, *Marinero en tierra)*

La gran novetat és aquesta: posar-se d'esquena al gran foc de llenya; avançar cap a la porta, sentint en els pòmuls la duresa metàl·lica del fred, i tenir la visió sobtada, instantània, dels ametllers florits. Com vingueren aquestes flors? Ahir no hi eren. No hi havia més que un borrissol rosat d'una vaguetat sense pes. Nasqueren al conjur de la nit, potser al conjur de la calma de l'aire de la lluna plena. Tota forma és l'alliberació de la tensió que l'ha construïda. Aquestes llunes tan clares de gener i de febrer, la llum de les quals posa una punta de misteri sobre les parets emblanquinades, sobre les velles, desgavellades masies, que esquitxa d'irrealitat la cal·ligrafia nua dels arbres esvelts que fa una claror viva sobre els sembrats menuts -aquestes llunes tan clares, sobre les quals el temps navega d'una manera plàcida i tranquil·la, són propícies a la producció d'aquests misteris, a la distensió de les forces cegues. Aquests ametllers florits ens faran companyia uns quants dies. Pocs dies.

(Josep Pla, *Les Hores)*

Muchos años después, frente al pelotón de fusilamiento, el coronel Aureliano Buendía había de recordar aquella tarde remota en la que su padre lo llevó a conocer el hielo. Macondo era entonces una aldea de veinte casas de barro y caña brava construidas a la orilla de un río de aguas diáfanas que se precipitaban por un lecho de piedras pulidas, blancas y enormes como huevos prehistóricos. El mundo era tan reciente, que muchas cosas carecían de nombre, y para mencionarlas había que señalarlas con el dedo.

(Gabriel García Márquez, *Cien años de soledad)*

¿Qué clase de loco podía ser el Quijote sino un loco español? Y aunque su talla descomunal y su demencia lo universalizan y de alguna manera lo hacen comprensible y admirable a todos los hombres del mundo, hay en él unos rasgos que únicamente podían darse en ese país a la vez brutalmente realista y mágicamente descabellado que es España.

(Ernesto Sábato, *Sobre héroes y tumbas)*

CONTENIDOS

OBJETIVOS COMUNICATIVOS:
- Preguntar y responder sobre circunstancias de la información.
- Referirse a situaciones y hechos del presente y del pasado.
- Indicar inicio y duración de una actividad.
- Hablar de formación académica y lingüística.
- Exponer razones.
- Enumerar requisitos y dar instrucciones.
- Expresar buenos deseos.

CONTENIDOS LINGÜÍSTICOS:
- Revisión de los tiempos del pasado.
- Perífrasis verbales: *estar* + gerundio; *seguir/continuar* + gerundio; *llevar* + gerundio; *dejar de* + infinitivo; *empezar a/comenzar* + infinitivo.
- Perífrasis de obligación: *tener que* + infinitivo; *deber* + infinitivo.
- Interrogativos (repaso).
- Marcadores temporales.
- Usos de *por/para; por qué/porque*.
- Entonación: identificación y realización de entonación en preguntas y respuestas (frases declarativas e interrogativas).
- Acento ortográfico de pares de palabras.
- Reconocimiento y uso de los signos de puntuación (I) .
- Abreviaturas y siglas.

ESTRATEGIAS DE COMUNICACIÓN Y DE APRENDIZAJE:
Reflexión sobre aspectos de la comunicación no verbal; estrategias de comprensión lectora y técnicas de aprendizaje de vocabulario. Preparación de una entrevista oral.

LÉXICO:
Estudios y formación complementaria. Trámites burocráticos para solicitar becas y trabajo.

TEXTOS:
Carta de presentación, *curriculum vitae,* formularios oficiales; entrevistas y biografía.

INTERNET:
Conocer y utilizar la red para buscar cursos de español y becas.

episodio 1

La entrevista

A. Prácticas del vídeo

1 **Antes de ver el vídeo:**

a) Escriba el nombre de los documentos que reconozca y la traducción a su idioma:

1

UNIVERSIDAD COMPLUTENSE DE MADRID

ESCUELA COMPLUTENSE DE VERANO PARA ESTUDIANTES EXTRANJEROS

PRUEBA DE NIVEL

CURSO SOLICITADO

CÓDIGO DEL CURSO: ☐☐☐

NOMBRE DEL CURSO:

(Ver Programa de Escuela C... ... ...no 20...)

2

MINISTERIO DE EDUCACIÓN CULTURA Y DEPORTE

ANEXO

SOLICITUD DE BECA O AYUDA PARA PRIMER CURSO DE ESTUDIOS UNIVERSITARIOS. CURSO 2002-2003

PRESENTACIÓN DE SOLICITUDES: En el Centro donde está matriculado el alumno durante el curso 2001-2002. No cumplimente los espacios sombreados. Están reservados a la Administración

FASE ☐

UNIVERSIDAD DONDE REALIZARÁ LAS P.A.U.

DATOS PERSONALES

PRIMER APELLIDO / SEGUNDO APELLIDO

TIPO DE VÍA (*)

NÚMERO

FECHA
DIA   M...

MARQUE
POB...

Cuenta o C...
No olvide

DATOS ...
Nº de em...
Emigrante
Tipo de ...
Ingreso...
Unidad...

(1) C...
Urban...

3

SOLICITUD DE EXPEDIENTE ACADÉMICO DE ESTUDIOS DE FILOLOGÍA CLÁSICA. FACULTAD DE FILOLOGÍA, UNIVERSIDAD COMPLUTENSE DE MADRID.

Primer apellido: .... Segundo apellido: ....
Nombre: ....
Natural de: .... Provincia: ....
D.N.I. o Pasaporte: .... exp.: ....
Domicilio: ....
Localidad: .... País .... C.P.: ....

SOLICITA la expedición de un certificado por los estudios de ....
que se cursó en la facultad de .... de las asignaturas
que se detallan al dorso, para lo que acompaña los documentos que a continuación se
relacionan:

Certificado oficial donde consten las asignaturas cursadas y aprobadas.

Pro...
que...

Pla...

Otr...

4

CURRICULUM VITAE DEL SOLICITANTE

Apellidos y nombre del solicitante | D.N.I., pasaporte o tarjeta de residente

(utilizar las páginas que sean necesarias)

Deberá contener la información más relevante de los siguientes apartados:

1. **Titulación académica**
   Denominación del título.
   Universidad de doctorado.
   Fecha en que obtuvo el doctorado.

2. **Otras titulaciones académicas**

3. **Titulación académica**
   Título del Proyecto/Trabajo/Estudio.
   Entidad u Organismo en el que lo realizó.
   Duración.
   Responsable del Proyecto/Trabajo/Estudio.

4. **Becas disfrutadas**
   Organismo que concedió la beca.
   Finalidad de la beca (tesis, trabajo de investigación, etc.)
   Fecha de inicio i fin.
   Centro de aplicación de la beca.

5. **Participación en seminarios, congresos, cursos y eventos de difusión científica**
   Denominación del evento.
   Lugar de celebración y año.
   Entidad/grupo organizador.
   Tipo de participación.

6. **Publicaciones**
   Título de la revista o publicación. Número y año.

7. **Otros méritos**

5 CARTA PERSONAL DE PRESENTACIÓN DEL CANDIDATO

Primer apellido: .... Segundo apellido: ....
Nombre: ....
Natural de: .... Provincia: ....
D.N.I. o Pasaporte: .... exp.: ....
Domicilio: ....
Localidad: .... País .... C.P.: ....

MAGFCO.   **EXPONE** la relación de méritos académicos para realizar los estudios de
MADRID .... que cursará en la facultad de ....
Facultad / .... de la Universidad de Santiago de Compostela.

OBSERVA... (1)   Programas de cada una de las asignaturas en el que fi... ...litud con
que fueron cursadas.

Planes de estudios.

Ot...

6

CARTA CONFIDENCIAL DE REFERENCIA

La evaluación, estrictamente confidencial, ha de ser escrita por un profesor o autoridad que haya dirigido o supervisado el trabajo o estudios del solicitante en su campo de especialización. Servirá al comité de selección para que determine los solicitantes más cualificados y puede ser un factor decisivo en la selección del candidato/a. Muchas gracias por su colaboración.

1. Nombre del solicitante: 2. Ciudad y país de origen:

3. Rogamos clasifique al solicitante:

	Excelente	Muy bueno	Mediano	Bajo
Formación integral				
Preparación profesional				
Capacidad de trabajo				
Dedicación				
Madurez				
Potencial para futura contribución en su campo				
Capacidad de liderazgo				

4. ¿Desde cuándo y en qué circunstancias ha conocido al s...

7

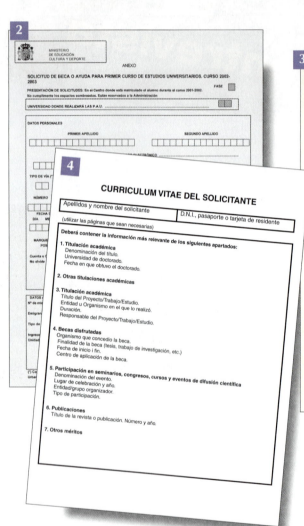

b) **¿Qué tipo de entrevista cree que va a ver?**

- De trabajo.
- Radiofónica.
- A un personaje famoso.
- Académica.
- Otro tipo.

2 Sobre el vídeo.
¿Ha comprendido bien? Señale la respuesta correcta. Justifique su contestación.

	Sí	No	¿?
1. Está hablando con un amigo.	☐	☐	☐
2. No ha terminado la carrera de Informática.	☐	☐	☐
3. Estudió francés y español en el colegio.	☐	☐	☐
4. Ha dejado de estudiar por un año.	☐	☐	☐
5. Después quiere seguir estudiando.	☐	☐	☐
6. Nunca había solicitado una beca.	☐	☐	☐

3 Después de ver el vídeo:

a) Relacione las preguntas con las respuestas correspondientes:

a) ¿Qué carrera está estudiando Kerstin?

b) ¿Cuántos idiomas ha estudiado?

c) ¿Por qué quiere saber idiomas?

d) ¿Quién le informó sobre las becas para estudiar en España?

e) ¿Qué tuvo que hacer para solicitar una beca?

1) Porque le gusta viajar y porque los idiomas son importantes para trabajar.

2) El lector de español.

3) Rellenar varios impresos y redactar un currículum y una carta de solicitud.

4) Informática.

5) Inglés, francés y español.

b) Complete el texto siguiente con el nombre y los documentos que se mencionan en la entrevista:

En primer lugar, tuve que entregar mi .... (4) y una .... de .... (5). Después, tuve que rellenar el impreso de .... de .... (2) y adjuntar una .... (7). También, tuve que presentar una fotocopia de mi .... (3) y varias .... de .... (6). Además, me hicieron una .... (1).

c) **¿A qué tipo de situación corresponde cada una de las siguientes imágenes? Justifique su respuesta.**

ENTREVISTA DE TRABAJO • PRESENTACIÓN DE RESULTADOS • REUNIÓN DIRECTIVA •
REUNIÓN DE DEPARTAMENTO • VISITA AL CLIENTE • REUNIÓN INFORMAL DEL DEPARTAMENTO

B. ¡A ESCENA!

1 **Consulte la transcripción del vídeo del Episodio 1 y la sección de Referencia gramatical (Cuaderno de ejercicios) y anote las expresiones que se usan para:**

- Saludar y presentarse.
- Preguntar y responder sobre circunstancias de la información.
- Hablar de formación académica y lingüística.
- Expresar objetivos de aprendizaje.
- Enumerar requisitos y dar instrucciones.

2 **Por parejas: redacten el guión para representar la siguiente entrevista:**

Estudiante A:
Usted desea estudiar en una universidad española y solicita información en el Departamento de Español sobre cursos y becas.

Estudiante B:
Usted es profesor de español y tiene que formular preguntas a su compañero sobre sus estudios y las razones para estudiar. Infórmele sobre los cursos y trámites necesarios para solicitar una beca.

C. Permanezca a la escucha

 1 **Escuche la conversación telefónica para solicitar una entrevista de trabajo y complete el cuestionario. Compruebe sus respuestas con las de su compañero:**

NOMBRE DE LA EMPRESA: ....

NOMBRE DEL CANDIDATO/A: ....

EDAD: .... NACIONALIDAD: ....

TITULACIÓN ACADÉMICA: ....

BECAS: ....

EXPERIENCIA PROFESIONAL: ....

....

....

IDIOMAS: ....

OTROS CONOCIMIENTOS: ....

....

....

....

2 **Después de escuchar de nuevo la conversación, redacte un cuestionario para preguntar los datos personales, la formación académica y la experiencia profesional:**

Datos personales: ....

....

....

Formación académica: ....

....

....

....

Experiencia profesional: ....

....

....

 3 **Por parejas: formulen a su compañero las preguntas del cuestionario y anoten las respuestas a partir de la información proporcionada.**

A) Referirse a situaciones y acciones del pasado

Contraste entre los tiempos del pasado:

• Pretérito Imperfecto: **AMABA/COMÍA/PARTÍA** Expresa una acción en el pasado; describe unas circunstancias que interesan como contexto de otros acontecimientos. También se usa como fórmula de cortesía. *En aquella época, cuando vine a Madrid, yo **estudiaba** Derecho.*	**• Pretérito Indefinido:** **AMÉ/COMÍ/PARTÍ** Expresa una acción en pasado, en un marco temporal que ya ha terminado. El hablante entiende que no tiene relación con el presente. ***Terminé** la carrera hace 20 años.*
• Pretérito Perfecto: **HE AMADO/COMIDO/PARTIDO** Expresa una acción en pasado que el hablante entiende que afecta al presente. ***He estudiado** Magisterio porque quiero ser profesora.* *Esta mañana **he llegado** tarde al trabajo.*	**• Pretérito Pluscuamperfecto:** **HABÍA AMADO/COMIDO/PARTIDO** Expresa un acontecimiento pasado anterior a otro acontecimiento o situación descrita. *Cuando terminé la carrera, **había pedido** por lo menos diez becas. No me concedieron ninguna.*

1 **Relacione cada frase con su ilustración y explique el uso de los tiempos verbales:**

 1  2  3  4  5

a) Profesor, quería hablar con usted.
b) Cuando llamé por teléfono me dijeron que no habían recibido todavía mi documentación.
c) La semana pasada empecé el curso de español comercial.
d) Cuando nosotros estudiábamos no había ordenadores.
e) No, gracias. He dejado de fumar.

2 **Lea los resúmenes del currículo de estos profesionales y subraye todos los tiempos del pasado para clasificarlos. A continuación, complete el cuadro con los tiempos verbales:**

• Marcelo Casado es Doctor en Derecho por la Universidad Complutense y Máster en Administración de Empresas (MBA). Comenzó su carrera profesional en Petrol. En 1998, fue nombrado Director General de Televen. Anteriormente, había sido Director de Distribución en Gestisa. Habla árabe y francés.

• Carlota Puertas ha sido Directora de Operaciones en Geotec. También participó en el proyecto de Euvisión para América Latina. Es ingeniera superior de Telecomunicaciones por la Universidad Politécnica de Valencia. Habla alemán, francés e inglés.

- Eva Salazar ha desarrollado una amplia experiencia nacional e internacional en el campo de la consultoría de gestión de salud desde 1992. Ha estudiado Ciencias Económicas y es Máster en Economía de la Salud por la Universidad de Barcelona. Habla inglés y catalán.

- Bernard Lagrange, Licenciado en Psicología por la Universidad de Burdeos y especialista en Recursos Humanos y Organización Empresarial, ha desarrollado su trayectoria profesional en varios países hispanoamericanos. En 1999 se incorporó al Grupo CORE como Director de Recursos Humanos. Hasta ese momento ocupaba el mismo cargo en Intel, en Argentina. Habla francés, italiano y español.

Pr. Imperfecto	Pr. Indefinido	Pr. Perfecto	Pr. Pluscuamperfecto

3 **Complete el texto con el tiempo apropiado del verbo:**

YO QUIERO SER ACTRIZ

De pequeña yo .... (soñar) con actuar. Recuerdo perfectamente el día que les .... (yo, decir) a mis padres que .... (yo, querer) ser actriz. A los 19 años, ... (yo, empezar) a estudiar en el Instituto de Teatro y Artes Escénicas de Gijón. .... (yo, tener) mucha suerte porque en el primer curso me .... (ellos, hacer) unas pruebas para trabajar en una compañía independiente y me .... (ellos, contratar). Durante cuatro años .... (yo, estar) actuando y estudiando. Después, me .... (yo, venir) a Madrid.

Los primeros meses .... (ellos, ser) duros pero entrañables. Tres amigos actores y yo .... (compartir) piso y todos los días nos .... (ir) de productora en productora dejando fotos y currículos. Un día .... (yo, decidir) presentarme a unas pruebas para el teatro de La Zarzuela y .... (yo, conseguir) trabajar en dos montajes, uno de Lope de Vega y otro de Valle-Inclán, gracias a que anteriormente .... (yo, hacer) un curso de interpretación de teatro clásico.

(*AR*, nº 3, enero 2002)

B) Perífrasis verbales (I)

Forma	Uso	Ejemplo
Estar + gerundio	Indica la acción que se realiza en el momento que se habla o del que se habla.	***Estaban trabajando*** duro en el proyecto. Siempre ***estás hablando*** por teléfono.
	Expresa una acción en proceso.	***Estamos estudiando*** español. ***Estuvieron viajando*** todo el mes.
	Indica la duración de una actividad. En esos casos: + *desde* + expresión de tiempo.	***Estuvimos esperando*** en la calle ***desde*** las cinco ***hasta*** casi las seis.

1 **Escuche y marque la frase correcta:**

1. a) ¡Estuviste escuchando la conferencia! ☐
   b) Estuviste escuchando la conferencia. ☐
   c) ¿Estuviste escuchando la conferencia? ☐

2. a) ¿Has estado durmiendo todo el día? ☐
   b) Has estado durmiendo todo el día. ☐
   c) ¡Has estado durmiendo todo el día! ☐

3. a) Ustedes están trabajando bien. ☐
   b) ¿Ustedes están trabajando bien? ☐
   c) ¡Ustedes están trabajando bien! ☐

2 **Observe a sus compañeros de clase. Elija a cuatro y anote lo que están haciendo en este momento, después pregúnteles sobre sus actividades en otros momentos:**

Nombre	Ahora	Durante toda la semana	El domingo

C) Expresar continuidad o interrupción de una acción. Perífrasis verbales (II)

Forma	Uso	Ejemplo
Seguir/continuar + gerundio	Expresa la continuación de una acción.	***¿Sigues viviendo*** en Barcelona?
Llevar (tiempo) + gerundio = Hacer (tiempo) que + indicativo = Indicativo + desde hace (tiempo)	Expresa la duración de una acción que comenzó en el pasado.	***Llevo*** tres meses ***trabajando*** en esa consultora = ***Hace tres meses que trabajo*** en esa consultora = ***Trabajo*** en la consultora ***desde hace*** tres meses.
Dejar + de + infinitivo = Ya no + indicativo	Expresa la interrupción de una acción habitual.	***Dejé de ir*** al gimnasio por pereza = Ya ***no voy*** al gimnasio.
Empezar/comenzar + infinitivo	Expresa el comienzo de una acción.	***Empecé a trabajar*** aquí en enero.

1 **Relacione las preguntas con las respuestas correspondientes:**

a) ¿Por qué no me llamaste anoche?

b) ¿Quieres venir a jugar al tenis?

c) ¿Sigues saliendo con Pablo?

d) ¡Qué bien hablas español!

e) ¿Has terminado el libro que te dejé?

1. ¡Claro! Llevo 3 años veraneando en Ibiza.

2. ¿Tú qué crees? Dejamos de vernos en verano.

3. Seguí trabajando hasta las once.

4. ¡Qué va! Si empecé a leerlo hace dos días.

5. No, es que llevo varios meses sin practicar.

D) Expresar obligación o necesidad. Perífrasis verbales (III)

Forma	Uso	Ejemplo
Tener + que + infinitivo	Expresa obligación personal.	**Tienes que rellenar** la solicitud. **Tendrán que adjuntar** una fotografía reciente.
	Dar excusas o explicaciones.	No puedo ir ahora porque **tengo que trabajar.**
Haber + que + infinitivo	Obligación impersonal.	**Hay que solicitar** una entrevista. **Había que presentar** hoy el pasaporte.
No tener que / no haber que + infinitivo	Niega la idea de obligación.	**No tienes que pagar** nada. **No hay que presentar** la documentación.
Deber + infinitivo	Expresa obligación.	**Debes buscar** trabajo.
	Expresa consejo. Suele utilizarse con pr. imp. ind./subj. o condicional simple.	**Deberías buscar** en Internet.

1 **Escuche las instrucciones para matricularse en un curso de español y señale el orden correcto:**

| 1. Primero. | 2. Luego. | 3. Después. | 4. A continuación. | 5. Finalmente. |

a) .... usted recibirá el resguardo de la matrícula, cuatro fichas de clase para cada uno de los profesores, la guía de servicios de la universidad y su carné de estudiante.

b) .... tiene que ir al aula 308 para hacer un examen de clasificación. Si va a hacer el curso de iniciación, no tiene que hacer el examen.

c) .... tiene que volver a la secretaría de los cursos para entregar el impreso de matrícula, una fotocopia del pasaporte y seis fotografías.

d) .... debe pedir en secretaría el impreso de autoliquidación que tiene que rellenar con sus datos personales.

e) .... hay que ir al banco BGN para pagar la matrícula.

Muchas gracias por haber elegido nuestros cursos para aprender español. Le deseamos mucho éxito.

2 Prepare excusas o explicaciones para las siguientes situaciones:

a) No ha hecho los deberes de la clase de español. *El*

b) No ha comprado las entradas que le había encargado su mejor amiga.

c) Ha llegado tarde a la cita que tenía con su director de tesis.

d) No ha sacado a pasear al perro.

e) No ha devuelto un libro de la biblioteca.

3 Por parejas: después de leer la siguiente lista de sugerencias para preparar una entrevista de trabajo, comenten con su compañero y anoten lo que tienen que hacer o no:

PARA SUPERAR UNA ENTREVISTA DE TRABAJO	Obligatorio	Aconsejable	Prohibido
• Llegar puntualmente.	☑	☐	☐
• Ir vestido impecablemente.	☑	☐	☐
• Llevar fotos de la familia.	☐	☐	☑
• No falsear la información personal.	☑	☐	☐
• No fumar.	☑	☐	☐
• Tratar al entrevistador como a un amigo.	☐	☐	☑
• Exagerar la formación y cualidades personales.	☐	☑	☐
• Dar información confidencial de su empresa actual.	☐	☐	☑
• Llevar documentos académicos y referencias profesionales.	☐	☑	☐
• Hablar del sueldo y de las vacaciones.	☐	☐	☑

E) Las preposiciones *por* y *para*

Consulte un diccionario monolingüe y complete la ficha sobre los usos de las preposiciones *por* y *para*:

Usos	Ejemplo	Traducción
POR		
• Causa	• *No pasó el proceso de selección* **por desconocimiento** *del idioma que se exigía.*	•
• Lugar aproximado	• *La sede de la filial está* **por el centro.**	•
•	•	•
•	•	•
PARA		
• Finalidad	• *La beca es* **para estudiar** *traducción.*	•
• Dirección	• *Me voy* **para** *casa.*	•
•	•	•
•	•	•

1 Explique el uso de *por/para* en cada una de estas frases a partir de los que ha reunido en la actividad anterior:

a) Para mí, la clase más interesante es la de Arte Español.

b) Estuvimos paseando por la playa toda la tarde.

c) He cambiado mi ordenador viejo por otro portátil.

d) Hay pocas becas para tantos candidatos.

e) ¿Mandaste la solicitud por correo o por fax?

2 Estudie las frases siguientes y señale la diferencia de estos usos. A continuación, traduzca las frases a su idioma:

En español	Traducción
a) ¿Para dónde vas?	
¿Por dónde vas?	
b) ¿Para qué estás estudiando español?	
¿Por qué estás estudiando español?	
c) Hemos hecho el trabajo para ti.	
Hemos hecho el trabajo por ti.	
d) El autobús va por la costa.	
El autobús va para la costa.	
e) Te doy diez euros para el libro.	
Te doy diez euros por el libro.	

3 Lea los mensajes y elija la opción correcta:

a) El mensaje es por/para el señor Benet: le confirmamos su entrevista por/para el día 22 de enero.

b) La señora Vargas está hablando para/por la otra línea. ¿Quiere dejar algún mensaje para/por ella?

c) Cuando llegue a la Recepción, pregunte para/por mí.

d) He tenido que salir para/por Alemania. Cancele mis entrevistas para/por mañana, por/para favor.

e) Lo doy las gracias para/por todas las atenciones que tuvo durante mi estancia en Madrid.

SE RUEDA

Ustedes son estudiantes de Turismo y desean solicitar una de las becas de estudios que ha convocado una importante institución. Para ello, hay que seguir estas fases:

a) Solicitar información

Después de leer el texto, anote la información y los requisitos para solicitar la beca:

BECAS *TURISMO DE ESPAÑA 2002* PARA LA REALIZACIÓN DE ESTUDIOS DE POSTGRADO SOBRE MATERIAS TURÍSTICAS EN UNIVERSIDADES O CENTROS ESPAÑOLES POR EXTRANJEROS

Número de becas: 25.

Requisitos: Estar en posesión de una nacionalidad extranjera, en el momento de la solicitud de la beca. Podrán optar quienes se encuentren en posesión del título de Técnico de Empresas y Actividades Turísticas o equivalente, o de titulación superior universitaria, o título extranjero equivalente, siempre que hayan superado todos los estudios y pruebas exigidos para su obtención, con posterioridad al 1 de enero de 1997 y antes de la finalización del plazo de presentación de las solicitudes. Poseer un excelente conocimiento del castellano, hablado y escrito, y un buen conocimiento, hablado y escrito, de inglés y francés o alemán. Tener una nota media de seis sobre diez en las calificaciones finales de los estudios que se aleguen.

Dotación: 15.000 €.

Duración: Curso académico 2003-2004.

Lugar de disfrute: España.

Convocatoria: BOE: 06/11/2002.

Plazo de solicitud: Dos meses a partir del día siguiente a la publicación.

Información: MINISTERIO DE ECONOMÍA Y HACIENDA. Secretaría de Estado de Comercio y Turismo. Pº de la Castellana, 162. 28071 Madrid. http://www.mcx.es. Tel.: 91-3493928. Fax: 91-3496081.

Sector de actividad:	Organismo que ofrece la beca:
Dirección y teléfono:	Tipo/Nivel de estudios:
Titulación exigida:	Fecha de obtención del título:
Idiomas:	Calificaciones:

Plazo de solicitud ....

Por parejas: preparen la conversación telefónica para solicitar información detallada.

Estudiante A:
Usted trabaja en la Secretaría de Estado de Comercio y Turismo y tiene que facilitar la siguiente información:

Estudiante B:
Usted llama a Información para pedir detalles sobre el plazo y el lugar de presentación de la solicitud y los documentos que hay que adjuntar.

Los interesados deben solicitar la instancia y dirigirla, posteriormente, a esta Secretaría de Estado de Comercio y Turismo, acompañada de los siguientes documentos: *curriculum vitae*; fotocopia compulsada del título académico, en el que conste las calificaciones (deberá especificarse la escala de valoración, detallando la nota máxima alcanzable y la mínima exigible) y la nota media obtenida por el solicitante; certificado de estudios realizados para un excelente conocimiento del español y de otros idiomas, expresando el nivel alcanzado (excelente, avanzado, medio, bajo); fotocopia del pasaporte y dos fotografías; una carta de presentación expedida por el centro académico donde cursó sus estudios. Todos los documentos aportados en idioma distinto al castellano deben ir acompañados de la correspondiente traducción. Asimismo, hay que hacer una entrevista oral.

1 En primer lugar, tiene que redactar un *curriculum vitae* de acuerdo con el siguiente modelo:

```
                        CURRICULUM VITAE
DATOS PERSONALES
Apellido(s):_____
Nombre:_____ Fecha de nacimiento:_____
Nacionalidad:_____ Estado civil:_____
Dirección particular (calle/avenida/plaza):_____
(número)_____ (distrito postal)_____ (ciudad)_____
(país)_____
Teléfono/fax/correo electrónico:_____

I.      Titulación académica:_____
II.     Becas/prácticas en empresas:_____
        _____
III.    Experiencia profesional:_____
        _____
IV.     Otras actividades (investigación, publicaciones):_____
        _____
V.      Lenguas:_____
VI.     Otros datos de interés:_____
VII.    Aficiones:_____
        _____
```

2 Escuche y complete los datos de la carta de presentación:

3 En grupos: comenten la escala de valoración que se aplica en sus países para las calificaciones académicas y, a continuación, anoten la nota media de su curso o de la carrera equivalente en el sistema educativo español:

- 10: Matrícula de Honor.
- 9/10: Sobresaliente.
- 7/8: Notable.
- 5/6: Aprobado.
- 0/1/2/3/4: Suspenso.

A quien pueda interesar:

Tenemos el gusto de presentarles a Don/Doña .... (nombre), alumno de nuestra .... (Universidad/Escuela), de .... (ciudad), ... en la que ha obtenido el título de .... (titulación) en el curso 2002-2003.

La admisión en nuestro centro está restringida a alumnos con calificación media de .... (calificación) y el hecho de haber sido admitido/a evidencia su magnífica preparación académica.

A lo largo de estos cursos ha mostrado un gran .... por sus estudios, ... especialmente destacable su capacidad de iniciativa en el período de ...., así como el rigor demostrado en el .... de .... realizado para la obtención del ....

Por todo ello, recomendamos que sea aceptada su solicitud para realizar estudios de .... en una universidad española.

Aprovechamos la ocasión para saludarles atentamente.

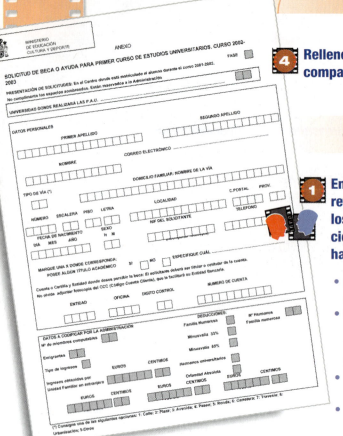

 Rellene la solicitud de la beca con ayuda de su compañero o de su profesor.

c) Preparación de la entrevista oral

En grupos. Después de ver de nuevo el vídeo, reflexionen y comenten con sus compañeros los gestos y otros aspectos de la comunicación verbal diferentes o que no se deben hacer en su país.

- **La distancia:** hay que mantener una postura cercana, sin invadir el espacio del entrevistador.
- **El movimiento de las manos:** sirve para ilustrar ideas o acciones que son difíciles de verbalizar. Tocarse el pelo, la nariz o la corbata constantemente da sensación de inseguridad.
- **La mirada:** sirve para regular los turnos de palabra. Debe mirar directamente al entrevistador.
- **La expresión facial:** indica el estado de ánimo, los sentimientos y las actitudes. Su expresión facial tiene que concordar con el mensaje.
- **La sonrisa:** es una invitación a la comunicación. Conviene sonreír, pero sin excederse.
- **La postura corporal:** hay que tener la cabeza alta y los hombros hacia atrás para dar sensación de energía y vitalidad. Puede inclinar el cuerpo hacia delante, ya que es un signo de acercamiento y de actitud positiva.

 Grupo completo: seleccionen a partir del listado que les propone su profesor los temas sobre los que van a hacer preguntas en la entrevista.

 En grupos de tres: preparen y ensayen los tipos de preguntas sobre los diferentes temas seleccionados.

- **abiertas:** (quién, qué, cómo, dónde, por qué, cuántos): ¿Cómo te has enterado de esta beca?
- **cerradas:** (¿eres/tienes/estuviste/has estudiado...?): ¿Ha pedido la carta de presentación?
- **información específica:** ¿En qué año terminaste la carrera?
- **hipotética:** ¿Qué harías si te concedieran la beca?
- **múltiple:** ¿Qué quieres estudiar? ¿Para qué y dónde?

 La entrevista:

Estudiante A:
Usted es el entrevistador y tiene que formular todas aquellas preguntas que considere necesarias sobre el tema elegido para comprobar los conocimientos de español del entrevistado.

Estudiante B:
Usted es el entrevistado y deberá contestar teniendo en cuenta los aspectos de la comunicación no verbal.

Estudiante C:
Usted es el observador y debe tomar notas sobre la actuación verbal y no verbal del entrevistador y del entrevistado.

Multimedia

▶▶

TAREAS EN INTERNET

Archivo	Edición	Ver	Favoritos	Herramientas	Ayuda

Atrás   Adelante   Detener   Actualizar   Inicio   Búsqueda   Favoritos   Correo   Imprimir

Dirección | http://www.home.es.netscape.com/es/ | ▼ | ↱ Ir a

Situación: usted quiere estudiar español en una universidad española o hispanoamericana. También quiere obtener un diploma que acredite sus conocimientos de español.

¿Sabía que...? Tanto las universidades públicas como las privadas tienen programas de lengua y cultura españolas para extranjeros, en cursos de carácter presencial y a distancia.

También hay cursos de postgrado para profesores de español. Se denominan Máster de formación como profesores especialistas de español como lengua extranjera (ELE).

El título que acredita la competencia comunicativa en español se denomina Diploma de Español como Lengua Extranjera (DELE).

Tarea: obtener información general y específica sobre cursos de español y sobre becas en el ámbito hispánico (www.becas.com/).
Teclee la dirección http://www.home.es.netscape.com/es/

En la página principal, seleccione Educación/Universidades para obtener información general.
Seleccione el país para buscar la universidad que le interesa.
Seleccione Idiomas/Español para obtener información sobre la enseñanza de español.
Para información sobre España: España/ciudad/universidad.
Desde aquí puede acceder al Instituto Cervantes: http://www.cervantes.es

Internet

TAREAS CON EL CD ROM

LA LITERATURA ESPAÑOLA CONTEMPORÁNEA

1. **Antes de consultar el CD, anote lo que sabe sobre:**
   a) La Guerra Civil española: fechas, bandos enfrentados, duración, desenlace...
   b) Los escritores españoles más conocidos en torno a esa época y sus obras de los últimos cincuenta años.

2. **Consulte el CD y conteste verdadero o falso:**

Sobre Gonzalo Torrente Ballester:

		V	F
a)	Luchó en la Guerra Civil española.	☐	☐
b)	No todas sus obras se caracterizan por la fantasía.	☐	☐
c)	Recibió el Premio Nobel en 1985.	☐	☐

Sobre el panorama literario español de la posguerra:

		V	F
a)	La década de los años cincuenta se caracterizó por el realismo social.	☐	☐
b)	En los años 60 y 70 se produjo una renovación estilística y formal de la narrativa española.	☐	☐
c)	Los poetas de la década de los setenta se caracterizaron por denunciar la injusticia social.	☐	☐
d)	Antonio Gala es el creador del teatro "pánico".	☐	☐

3. **Después de consultar el CD, conteste a las siguientes preguntas:**
   a) ¿Qué repercusiones tuvo el estallido de la Guerra Civil española en el panorama literario?
   b) ¿Existió la censura en la producción literaria?
   c) ¿Cuáles son las características de la narrativa española desde los años cuarenta hasta la muerte de Franco?

DEBATE EN GRUPO:
¿Qué opinan de los premios literarios? ¿Representan realmente la calidad literaria de un autor?
¿Son necesarios? ¿Creen que están sometidos a criterios políticos o económicos?

ARCHIVO DE PALABRAS

1 ¿Qué carreras han estudiado estos profesionales? Relacione las titulaciones académicas con cada uno de los profesionales y, a continuación, complete el cuadro:

PROFESIÓN	TITULACIÓN	LUGAR DE TRABAJO	FUNCIONES
Abogado	*Derecho*	*Despacho de abogados*	*Ejercer la defensa*
Economista			
Dentista			
Aparejador			
Profesor de español			
Cirujano			
Ingeniero de caminos			
Documentalista			
Director de hotel			
Fisioterapeuta			
Analista-programador			

2 Elija cinco términos de entre los siguientes para explicárselos a su compañero: beca, instancia, aula, carné, examen de clasificación, guía de servicios, impreso de autoliquidación, matrícula y resguardo de matrícula.

Puede utilizar:

Definición • Sinónimo • Traducción • Ejemplo • Dibujo

  3 De aquí y de allá: Relacione los términos que se dicen en España con los que se utilizan en otros países hispanohablantes:

HISPANOAMÉRICA

a) Laburo
b) Egresado
c) Recibirse de licenciado
d) Forma (México)
e) Planilla (Venezuela)
f) Cédula de identidad (Venezuela)
g) Constancia de estudios (Venezuela)
h) Reprobar (México)
i) Ser aplazado (Argentina)
j) Aplazo (Argentina)
k) Pasar (México)
l) Salón de clase (México, Perú)
m) Tomar un curso (México)
n) Matricularse, inscribirse (Argentina)

ESPAÑA

1. Aprobar
2. Impreso, formulario
3. Trabajo, empleo
4. Graduado, licenciado
5. Matricularse
6. Licenciarse
7. DNI
8. Aula
9. Hacer un curso
10. Certificado de estudios
11. Suspender
12. Aprobar
13. Suspenso
14. Impreso, formulario

primer plano

CONTENIDOS

OBJETIVOS COMUNICATIVOS:
- Expresar deseos para el futuro.
- Pedir y dar consejos, sugerencias y recomendaciones.
- Expresar condiciones.
- Informar(se) sobre posibilidades.
- Comparar servicios (transporte y turismo).
- Prevenir y tranquilizar a alguien sobre algo.

OBJETIVOS GRAMATICALES:
- Forma y usos del condicional simple.
- Forma y usos del pretérito imperfecto de subjuntivo.
- Verbos de influencia + subjuntivo.
- Oraciones condicionales (I).
- Oraciones comparativas.
- Sustantivos homónimos.
- Preposiciones (*de, desde, a, hacia, hasta, por*) + verbos de movimiento.
- Reconocimiento y uso de los signos de puntuación (II).

ESTRATEGIAS DE COMUNICACIÓN Y DE APRENDIZAJE:
Parafrasear, uso de información no textual y recursos de referencia. Exposición oral.

LÉXICO:
Lugares y monumentos, servicios de transporte y turísticos, conceptos de arte.

TEXTOS:
Narración, guías y folletos de turismo, postales.

INTERNET:
Elaborar un folleto turístico comparando Ciudad de México y Buenos Aires.

episodio 2

De paseo por Madrid

Secuencias de

A. Prácticas del vídeo

1 **Antes de ver el vídeo, conteste a las siguientes preguntas:**

a) **Cuando visita un país o una ciudad por primera vez, ¿qué le interesa más?**
   - Los monumentos.
   - La gente.
   - La gastronomía.
   - Las compras.
   - La forma de vivir.

b) **¿Cómo prefiere viajar?**
   - En coche particular.
   - En transporte público.
   - Haciendo autostop.

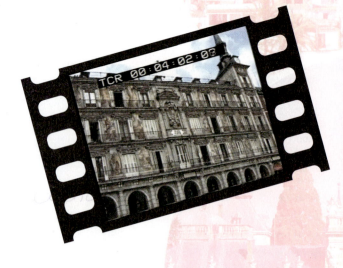

c) **¿Qué lleva en la maleta?**
   - Mucho más de lo que necesito.
   - Exactamente lo que necesito.
   - Siempre falta algo.

2 **Sobre el vídeo.**
¿Ha comprendido bien? Señale la respuesta correcta.
Justifique sus respuestas.

		Sí	No
1.	Es una conversación informal.	☐	☐
2.	Kerstin quería ir a Madrid la semana próxima.	☐	☐
3.	El metro es el medio de transporte más rápido.	☐	☐
4.	La estatua de Felipe III está en la Puerta del Sol.	☐	☐
5.	La Puerta del Sol es una zona de compras.	☐	☐
6.	Kerstin ha comprendido perfectamente las indicaciones.	☐	☐

3 **Después de ver el vídeo:**

a) Complete el nombre de las calles. A continuación, localice estos lugares en el plano de la sección Se rueda:

.... del Sol   .... de la Castellana   .... de Colón

.... Cibeles   .... Alcalá   .... Mayor

b) Subraye los términos utilizados en la conversación para indicar:

a) Medios de transporte: camión, metro, ómnibus, subte, autobús, colectivo, guagua.

b) Monumentos: obelisco, escultura, monolito, fuente, columna, pirámide, estatua, puerta.

c) Direcciones: calle, plaza, vereda, callejón, paseo, alameda, avenida.

Secuencias de

4 **Localice los lugares en el plano de la página 47 y pregunte a su compañero cómo puede llegar en metro:**

De/desde:
- El Museo Arqueológico **(Colón)**
- La Universidad Complutense **(Ciudad Universitaria)**
- El Centro de Arte Reina Sofía **(Atocha)**

A/hacia/hasta:
- el Banco de España **(Banco)**
- la Estación de Atocha **(Atocha Renfe)**
- la Plaza de Oriente **(Ópera)**

B. ¡A ESCENA!

En una visita a la ciudad: consulte la transcripción del vídeo del Episodio 2 y la sección de Referencia gramatical (Cuaderno de ejercicios) y anote las expresiones que se utilizan para:

- Expresar deseos.
- Dar consejos y sugerencias sobre lugares de interés.
- Informar(se) sobre posibilidades.
- Comparar medios de transporte.
- Prevenir y tranquilizar a alguien de algo.

Por parejas: preparen y representen la siguiente situación:

Estudiante A:
Usted desea visitar la ciudad en la que vive su compañero. Pídale que le dibuje un plano con indicaciones de los lugares más interesantes: museos, monumentos, parques, edificios artísticos, restaurantes típicos y zona de compras.

Estudiante B:
Dibuje un plano de su ciudad para su compañero. Además de los lugares de interés, debería recomendarle los medios de transporte más convenientes.

C. Permanezca a la escucha

1 Escuchen la presentación del curso de lengua y cultura españolas en el que se han matriculado y señalen el tipo de actividad programada y los consejos y recomendaciones:

	Espectáculo	Visita	Excursión	Consejo	Recomendación
a) Utilizar el metro.					
b) Museos, Bolsa, periódico.					
c) Aranjuez, Toledo, Ávila, Segovia, El Escorial.					
d) Comprar metrobús.					
e) Concierto de música española. Flamenco.					
f) Cuidado con el pasaporte.					
g) Hacer una ruta turística.					

2 Escuche la grabación de nuevo y subraye los términos correctos. A continuación, responda a las preguntas:

a) ¿Quién hace la presentación?:
profesor/profesora/coordinadora.

b) ¿Qué incluye el programa de actividades complementarias?:
clases complementarias/deportes/visitas didácticas.

c) ¿Qué documentación reciben los alumnos?:
material didáctico/información general/información académica y turística.

d) ¿Cuántas rutas tiene el autobús turístico?:
2, 3, 4, 5.

e) La recomendación final está relacionada con:
salud, dinero, comida, documentación.

3 Por parejas. Comente con su compañero las actividades complementarias más interesantes para usted y las sugerencias y recomendaciones de la presentación.

A) Expresar deseos en el futuro

a) **Querer/esperar/me gustaría + infinitivo** (mismo sujeto):	**Yo quiero conocer** la ciudad. **Espero llegar** a tiempo. **Me gustaría vivir** en el campo.
b) **Querer/esperar + presente de subjuntivo** (distinto sujeto):	(Yo) **Quiero que** (tú) **me lleves** al teatro. (Ellos) **Esperan que** (nosotros) **vayamos** a la excursión.
c) **Me gustaría que + imperfecto de subjuntivo** (distinto sujeto):	(A ella) **Le gustaría que** (tú) **vinieras** a la fiesta.
d) **Ojalá (que)/que + presente de subjuntivo:**	**¡Ojalá nos toque** la lotería! **¡Que te diviertas** en Toledo!
e) **A ver si + presente de indicativo:**	**¡A ver si me enseñas** las fotos de tu viaje!
f) **Desear que + presente de subjuntivo:**	**Les deseamos que disfruten** de su estancia con nosotros.

Pretérito imperfecto de subjuntivo

	VIAJAR	COMER	SUBIR
(Yo)	viaja**ra/se**	comie**ra/se**	subie**ra/se**
(Tú/Vos)	viaja**ras/ses**	comie**ras/ses**	subie**ras/ses**
(Él/Ella/Usted)	viaja**ra/se**	comie**ra/se**	subie**ra/se**
(Nosotros/as)	viajá**ramos/semos**	comié**ramos/semos**	subié**ramos/semos**
(Vosotros/as)	viaja**rais/seis**	comie**rais/seis**	subie**rais/seis**
(Ellos/Ellas/Ustedes)	viaja**ran/sen**	comie**ran/sen**	subie**ran/sen**

Uso > Expresar deseos: *Me encantaría que me enseñaras la ciudad.*

1 Complete las frases siguientes con la forma apropiada del verbo:

a) Le encantaría que tú ......*fueras*...... (ir) con ella a visitar la Patagonia el verano próximo.

b) Espero que el avión ......*llegue*...... (llegar) a tiempo.

c) Mañana vamos de excursión a Aranjuez. ¡Ojalá que no ......*llueva*...... (llover)!

d) Te deseo que ......*pases*...... (pasar) un feliz día de cumpleaños.

e) Cuando tengas tiempo, espero que me ......*cuentes*...... (contar) tu viaje.

f) A ver si ......*comes*...... (comer) más. Estás muy delgado.

2 Según la tradición, el día 31 de diciembre hay que formular varios deseos para el año nuevo. Formule sus deseos y compárelos con los de su compañero.

a) Me gustaría conseguir…

b) ¡Ojalá que encuentre…!

c) A ver si el próximo año…

d) Que…

e) Quiero que todos mis amigos…

3 **Paseando por la ciudad se oyen los diálogos siguientes. ¿Podría decir quiénes, dónde o en qué situación se producen?**

a) - ¿Qué quieres que hagamos hoy?
 • Quiero que me lleves al zoo y me compres un helado.

b) - Llevo la suerte.
 • Déme un décimo, por favor.
 - ¡Ojalá que le toque el gordo!

c) - ¡Hasta la vista, Susana!
 • A ver si nos vemos con más frecuencia.

d) - ¡Qué guapos son los dos!
 • ¡Que tengan mucha suerte en su matrimonio!

e) - Espero que el examen sea facilito.
 • ¡Suerte!

1. Dos amig@s en la calle. **2.** Unos invitados a una boda. **3.** Un padre con su hija en un parque. **4.** Cerca de la universidad. **5.** Despacho de lotería.

B) Pedir y dar consejos, sugerencias y recomendaciones

a) Los verbos de influencia, que expresan petición, mandato o consejo, requieren el uso de subjuntivo cuando los sujetos son diferentes:

> ¿Qué me recomendarías?

To order to → Aconsejar
↘Mandar
 Ordenar
 Pedir
 Permitir   **+ que + subjuntivo:**
 Prohibir
 Querer
 Recomendar
To beg ↗Rogar
 Sugerir

(Yo) **Les recomiendo** (a ustedes) que **alquilen** un coche.

(Ella) **Me sugirió que** (yo) **usase** la tarjeta de crédito.

(Yo) **Le aconsejo que** (usted) **compre** esta guía del Museo del Prado.

(Él) **No quiere que** (tú) **llames**.

> ¿Qué harías tú en mi lugar?

b) **Yo, en tu lugar**
 Yo que tú   **+ condicional:**
 Si yo fuera tú

Yo, en tu lugar, **cambiaría** de trabajo.

Si yo fuera tú, **me compraría** un coche nuevo.

> ¿Puedes recomendarme?

c) **Poder + infinitivo:** ¡Hombre! **Podrías ir** a ver...

d) **Imperativo:** *Me gustan* las dos carreras. **Estudia** las dos.

Condicional simple

		VIAJAR	TRAER	VIVIR
(Yo)	**-ía**	viajaría	traería	viviría
(Tú/*Vos*)	**-ías**	viajarías	traerías	vivirías
(Él/Ella/Usted)	**-ía**	viajaría	traería	viviría
(Nosotros/as)	**-íamos**	viajaríamos	traeríamos	viviríamos
(Vosotros/as)	**-íais**	viajaríais	traeríais	viviríais
(Ellos/Ellas/Ustedes)	**-ían**	viajarían	traerían	vivirían

Uso > • **Pedir y dar consejos:** *¿Qué podría hacer? Lo mejor sería ir en avión.*
 Yo que tú, vendería el coche y andaría más.

1 Observe los dibujos y complete los consejos:

a) Debería..........

b) Te convendría..........

c) Creo que le encantaría..........

d) Tendría que..........

e) Si yo fuera ella..........

2 Relacione las peticiones con las reacciones correspondientes:

a) ¿Podría indicarme los cuadros más interesantes?

b) Nos gustaría probar la comida típica.

c) ¿Qué espectáculo me recomiendas para esta noche?

d) Nos gustaría mucho visitar El Escorial.

e) No sé qué hacer. Me gustan los dos trajes.

1. Compra los dos.

2. Lo mejor sería ir en tren.

3. Por supuesto. Los más interesantes...

4. En ese caso, les sugiero el cocido madrileño.

5. Si yo fuera tú, iría al ballet del Teatro Real.

3 ¿Qué le recomendaría a un amigo que tiene los siguientes deseos?

- Visitar un país exótico.
- Probar una comida muy especial.
- Conocer a alguien famoso.

- Cambiar de trabajo o de estudios.
- Satisfacer un capricho de la infancia.
- Escribir una novela sobre su adolescencia.

C) Expresar condiciones (I)

a) **ACCIÓN POSIBLE, EN EL PRESENTE O EN EL FUTURO:**

   Si + presente de indicativo + presente de indicativo: *Si te apetece, podemos ir a Brasil.*

   Si + presente de indicativo + futuro de indicativo: *Si no tomamos un taxi, perderemos el avión.*

   Si + presente de indicativo + imperativo: *Si quieres estar sano, haz más deporte.*

b) **ACCIÓN IMPOSIBLE O POCO POSIBLE, EN EL PRESENTE Y EN EL FUTURO:**

   Si + imperfecto de subjuntivo + condicional: *Si Enrique estuviera aquí, haría muchas fotos.*

c) **OTROS CONECTORES: a menos que, a condición de que, a no ser que, en el caso de que, salvo que, con tal de que, siempre que + subjuntivo:**

   Podría acompañarte, a menos que quieras ir sola.

Detrás de SI no se puede poner futuro, condicional simple ni presente de subjuntivo.

1 Ordene las frases correctamente:

a) me/si/fuera/vacaciones/yo/de/Cancún/a/iría.

b) otra/si/compraría/robaran/maleta/me/la.

c) Feria/te/Libro/del/si/podemos/apetece/ir/la/a.

d) avísame/ir/Filipinas/si/a/decides.

e) yo/tienes/dinero/no/si/cuenta/la/pagar/para/pagaré/la.

2 ¿Cómo resolvería estas situaciones?

a) Si quiere ser profesor/-a de español.

b) Si no encuentra la tarjeta de crédito y tiene que pagar la cuenta del hotel.

c) Si quiere aprender a bailar el tango.

d) En el caso de que le doliera la cabeza el día de un examen.

e) Si tiene ganas de comer marisco.

3 Ha comprado un décimo de lotería.

a) **Señale lo que haría si le tocase el premio y compare sus respuestas con las de su compañero.**

- Dejar de estudiar/trabajar.
- Viajar por todo el mundo.
- Cambiar de casa.
- Desaparecer del mapa.
- Invertir en Bolsa.
- Regalar una casa a mis padres.
- Alquilar un hotel de lujo para dar una gran fiesta.

D) Hacer comparaciones

a) **SUPERIORIDAD:** *más* + **adjetivo/adverbio/nombre** + *que*:
*El guía es **más alto que** tú. El museo está **más lejos que** el parque.*

Más + de + expresión de cantidad: *Madrid tiene **más de mil años**.*

SUPERLATIVO ABSOLUTO: se añade la terminación *-ísimo/a/os/as* al adjetivo.
Si el adjetivo termina en vocal, ésta desaparece. Es una forma más enfática que *muy* + adjetivo.
*Este hotel es muy caro. = Este hotel es **carísimo**.*
*Hablar español es muy fácil.= Hablar español es **facilísimo**.*

SUPERLATIVO RELATIVO (en comparación con otros elementos):
construcciones comparativas con valor superlativo.
***El/la/los/las* + sustantivo + *más/menos* + adjetivo + *que* (+ frase)/*de* (+ nombre).**
***Lo* + *más/menos* + adjetivo + *que* + frase.**
*Es el museo **más grande** que he visto en mi vida. Es la fiesta **menos divertida** de este verano.*
*Es **lo más importante que** he hecho en mi vida. Esto es **lo peor** de todo.*

b) **INFERIORIDAD:** *menos* + **adjetivo/adverbio/sustantivo** + *que*:
*Este restaurante es **menos caro que** el otro. Hoy estoy **menos cansado que** ayer.*

Menos + de + expresión de cantidad: *Este libro tiene **menos de** 100 páginas.*

c) **IGUALDAD:** *tan* + **adjetivo/adverbio** + *como*: *La playa está **tan** lejos **como** la catedral.*
    Igual de + **adjetivo/adverbio** + *que*: *El teatro es **igual de** caro **que** el ballet.*
    Lo mismo que: *El billete de autobús cuesta **lo mismo que** el de metro.*
    Tanto/a/os/as + **nombre** + *como*: *Tengo **tanto** dinero **como** tú.*
    Verbo + *tanto como*: *Estudia **tanto como** nosotros.*

1 Subraye la forma correcta del comparativo y, a continuación, escuche el texto de la postal para comprobarlo:

España • Espagne • Spain • Espanha

1,80 € ESPAÑA 2002

Espero que no haga tan/muy/tanto calor ahí como aquí. En Madrid hace más/tanto/igual calor que en Málaga. Ayer cogimos un autobús turístico para conocer la ciudad porque es menos caro/barato/cansado que un taxi. Hicimos el recorrido panorámico más/muy/tan largo de todos, desde el hotel hasta el Palacio Real. Es una ciudad grandísima. La ruta seguía el Madrid histórico y pasaba por el monumento a Cervantes, el Jardín Botánico, el Museo del Prado, el Reina Sofía y el Thyssen. También recorría los barrios tan/más/tantísimo elegantes e interesantes de la ciudad. El guía nos iba sugiriendo los monumentos como/igual/más importantes que tenemos que ver. ¡Ojalá tengamos tiempo!

Para mí, lo más/tan/como curioso es la parte antigua. Te hemos comprado unos regalos preciosos: una cazadora y un bolso (¡los más/muy/tan bonitos que había de/en/para la tienda!). También te llevamos muchas postales para tu colección.

Un beso.   Mamá y papá

E) Uso de las preposiciones

DE:

* Indica el punto de origen, la procedencia y la nacionalidad:

  ¿De dónde sois? Somos de Perú.
  Este autobús viene de Málaga.
  Son franceses de Burdeos.

* Expresa materia, contenido, argumento:

  Compré una pulsera de oro.
  La paella es un plato de arroz.
  Se trata de una novela de misterio.

* Introduce el segundo término de la comparación:

  Es un recorrido más largo de lo que pensaba.

* Especifica precio, edad, dimensión, tipo:

  Es un traje de 200 euros.
  Es un chico de unos veinte años.
  Cogimos un autobús de dos pisos.
  He visto una máquina de escribir muy antigua.

* Indica el autor y la posesión:

  Acabo de leer un libro de Vargas Llosa.
  ¿De quién es esta llave? Es la llave de mi padre.

DESDE

- **Indica el punto de partida/origen espacial:**   *El avión partió* **desde Barcelona.**
  Y temporal: *No le veo* **desde hace un mes.**

   DESDE.............HASTA: indica el origen y el término, el recorrido espacial o temporal:
   Fuimos andando **desde la playa hasta el restaurante.**

A

- **Indica el destino:**   *Este tren va* **a Zamora.**
- **Señala la localización en el espacio**   *El restaurante está* **a la derecha,**
  y la distancia: **a veinte metros.**

HACIA

- **Indica la dirección o el destino:** *En unos momentos salimos* **hacia Lisboa.**

1 **En grupos: preparen la visita a los alrededores de Madrid.**

a) Consulten la guía y anoten la información relativa a la distancia y medios de transporte:

De/desde A/hasta/hacia:	Kilómetros	Medios de transporte
Madrid / Alcalá de Henares	....	....
Aranjuez	....	....
Chinchón	....	....
El Escorial	....	....
Segovia	....	....
Sierra de Madrid	....	....
Toledo	....	....

b) Contesten a las siguientes preguntas:

1. ¿Cuál es la población que está más cerca?

2. ¿Cuál es la población que está más lejos?

3. ¿Cuál es la población que tiene menos facilidades de transporte público?

4. ¿Cuál parece más interesante?

5. ¿Cuál es la más famosa mundialmente? ¿Por qué?

c) Preparen la visita teniendo en cuenta sus intereses:

- Una o varias ciudades.
- Hotel de 4 estrellas/camping/albergue.
- Tren/autobús/alquilar un coche.
- Visitas programadas/ir por su cuenta.
- Probar comidas y bebidas típicas/bocadillos y conservas.
- Comprar recuerdos.
- Ir a espectáculos para turistas.

ALREDEDORES

Alcalá de Henares
A 30 km de Madrid por la carretera N-II. La Universidad, de estilo renacentista, es de gran interés, junto con la casa de Cervantes, la Colegiata de Santa María y la Hostelería del Estudiante. Ha sido nombrada Patrimonio de la Humanidad en 1998.
TRENES   ⊙ C-2. Atocha-Chamartín
AUTOBUSES   La Continental

Aranjuez
A 47 km de Madrid por la carretera N-IV. Está considerado como Real Sitio. Destacan de su conjunto el Palacio Real y la Casita del Labrador. El jardín de la Isla ofrece un precioso parterre plantado en 1746, a orillas del caudaloso río Tajo.
TRENES   ⊙ C-3. Atocha
AUTOBUSES   Estación Sur

Chinchón
Situada al sur de la provincia de Madrid, a 52 km de la capital. Villa medieval. Es de señalar su Plaza Mayor, castillo medieval e iglesia.
AUTOBUSES   Auto Res

San Lorenzo del Escorial
A 56 km de Madrid por la carretera de La Coruña, es uno de los pueblos más atractivos de la provincia; a la enorme riqueza monumental se le une la belleza de su entorno. Su monasterio, erigido por orden de Felipe II, es panteón de los Reyes de España, así como palacio e iglesia.
TRENES   ⊙ C-8a. Atocha-Chamartín
AUTOBUSES   Intercambiador de Moncloa

Segovia
A 86 km de Madrid. Antigua ciudad romana, su acueducto fue construido por Augusto y tiene una longitud de 16 km, siendo la parte visible de la ciudad más famosa. A pocos kilómetros de la ciudad está el palacio y jardín borbónico de la Granja de San Ildefonso.
TRENES   ⊙ Atocha-Chamartín
AUTOBUSES   La Sepulvedana

Sierra de Madrid
La práctica del esquí es un aliciente más del invierno de Madrid. A sólo 50 km de la capital, perfectamente comunicada por carretera y ferrocarril, se encuentra la Sierra de Guadarrama, con la estación de invierno de Navacerrada.
TRENES   ⊙ C-8b. Atocha-Chamartín
AUTOBUSES   Intercambiador de Moncloa

Toledo
A 70 km de Madrid por la carretera N-401. Ciudad museo por excelencia. Capital del reino bajo la dominación de los Godos. Guarda multitud de tesoros arquitectónicos.
TRENES   Estación de Atocha
AUTOBUSES   Estación Sur

Pueden utilizar:
más/menos/tan/lo más +
exótico/lejos/típico/interesante/
cómodo/caro/seguro/lindo/
incómodo/barato/emocionante/
divertido

SE RUEDA

Es la primera vez que están en Madrid y desean visitar la ciudad.

a) Rutas turísticas

1 Estudie el recorrido de las tres rutas turísticas. Escuche la información del guía y señale los lugares y monumentos que se mencionan para adivinar el número de la ruta.

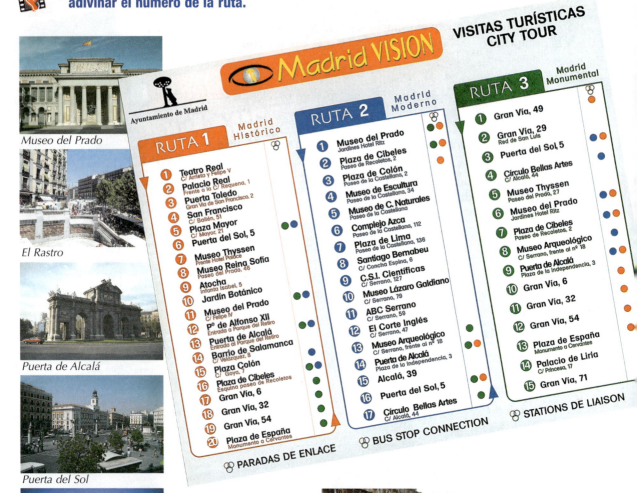

VISITAS TURÍSTICAS
CITY TOUR

Madrid VISION

Ayuntamiento de Madrid

RUTA 1 — Madrid Histórico

1. Teatro Real — C/ Arrieta y Felipe V
2. Palacio Real — Frente a la C/ Requena, 1
3. Puerta Toledo — Gran Vía de San Francisco, 2
4. San Francisco — C/ Bailén, 51
5. Plaza Mayor — C/ Mayor, 21
6. Puerta del Sol, 5
7. Museo Thyssen — Frente Hotel Palace
8. Museo Reina Sofía — Paseo del Prado, 46
9. Atocha — Infanta Isabel, 5
10. Jardín Botánico
11. Museo del Prado — C/ Felipe IV
12. Pº de Alfonso XII — Entrada al Parque del Retiro
13. Puerta de Alcalá — Entrada al Parque del Retiro
14. Barrio de Salamanca — C/ Velázquez, 8
15. Plaza Colón — C/ Goya, 7
16. Plaza de Cibeles — Esquina paseo de Recoletos
17. Gran Vía, 6
18. Gran Vía, 32
19. Gran Vía, 54
20. Plaza de España — Monumento a Cervantes

PARADAS DE ENLACE

RUTA 2 — Madrid Moderno

1. Museo del Prado — Jardines Hotel Ritz
2. Plaza de Cibeles — Paseo de Recoletos, 2
3. Plaza de Colón — Paseo de la Castellana, 2
4. Museo de Escultura — Paseo de la Castellana, 34
5. Museo de C. Naturales — Paseo de la Castellana
6. Complejo Azca — Paseo de la Castellana, 112
7. Plaza de Lima — Paseo de la Castellana, 136
8. Santiago Bernabeu — C/ Concha Espina, 6
9. C.S.I. Científicas — C/ Serrano, 127
10. Museo Lázaro Galdiano — C/ Serrano, 79
11. ABC Serrano — C/ Serrano, 59
12. El Corte Inglés — C/ Serrano, 47
13. Museo Arqueológico — C/ Serrano, frente al nº 18
14. Puerta de Alcalá — Plaza de la Independencia, 3
15. Alcalá, 39
16. Puerta del Sol, 5
17. Círculo Bellas Artes — C/ Alcalá, 44

BUS STOP CONNECTION

RUTA 3 — Madrid Monumental

1. Gran Vía, 49
2. Gran Vía, 29 — Red de San Luis
3. Puerta del Sol, 5
4. Círculo Bellas Artes — C/ Alcalá, 44
5. Museo Thyssen — Paseo del Prado, 27
6. Museo del Prado — Jardines Hotel Ritz
7. Plaza de Cibeles — Paseo de Recoletos, 2
8. Museo Arqueológico — C/ Serrano, frente al nº 18
9. Puerta de Alcalá — Plaza de la Independencia, 3
10. Gran Vía, 6
11. Gran Vía, 32
12. Gran Vía, 54
13. Plaza de España — Monumento a Cervantes
14. Palacio de Liria — C/ Princesa, 17
15. Gran Vía, 71

STATIONS DE LIAISON

Museo del Prado

El Rastro

Puerta de Alcalá

Puerta del Sol

Fuente de la Cibeles y Correos

Palacio Real desde el Campo del Moro

Plaza Mayor

Plaza de la Villa

2 Por parejas: anoten los lugares y monumentos que les gustaría visitar y elijan la ruta más conveniente.

RECUERDE

El billete es válido todos los días del año para usar en las tres rutas, según la opción elegida.

b) ¿Qué me recomendarías?

1 Por parejas: elijan una de las opciones y, después de estudiar el plano y la información sobre las rutas, anoten el recorrido y los cambios que tienen que hacer.

Opción A: ustedes están en Argüelles y desean hacer la ruta nº 1. También quieren ver el Madrid Moderno y hacer unas compras en la Puerta del Sol.

Opción B: ustedes quieren fotografiar todos los monumentos, visitar el Museo del Prado y pasear por el parque del Retiro. Salen desde su hotel, que está en la Plaza de España.

Opción C: su hotel está al norte, al final del Paseo de la Castellana. Desean ver el Madrid histórico, la Real Academia de la Lengua y los museos más importantes. Después, quieren ir a cenar a un restaurante en el barrio de Salamanca.

Opción D: ustedes están delante de la Biblioteca Nacional, cerca de Colón. Desean ver lo más posible de Madrid.

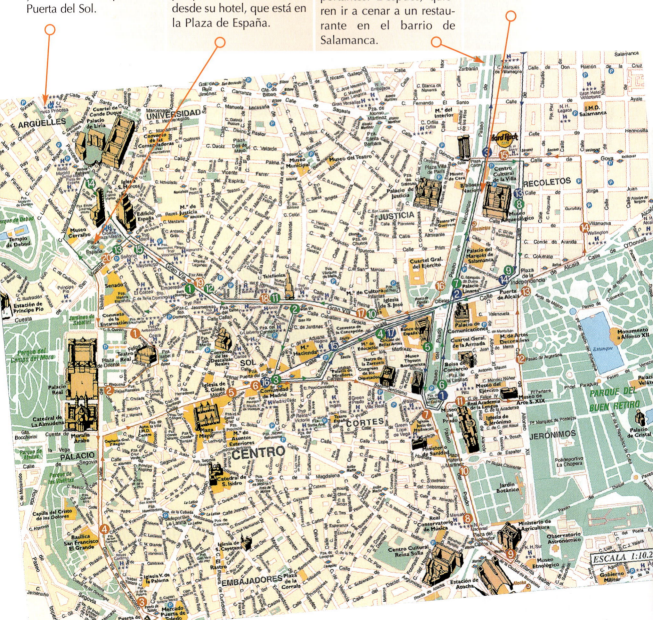

2 Escriban una postal a un amigo o a un familiar contando sus impresiones sobre la ciudad.

c) Exposición oral de una visita panorámica

El Madrid árabe: las murallas de Madrid fueron construidas por el emir Muhammad (852-886), solamente quedan restos del primer recinto árabe (siglos IX y X) que defendía Magerit (Madrid) y del segundo recinto edificado por los cristianos en los siglos XII y XIII.

El Madrid de los Austrias: esta dinastía comenzó con el emperador Carlos I. Madrid se vio enriquecida por palacios y monumentos al ser convertida en capital por Felipe II, a mediados del siglo XVI. De este período destacan los edificios renacentistas y barrocos.

• Puerta del Sol: kilómetro 0 de las carreteras españolas. En el siglo XV tenía carácter defensivo. Posteriormente, pasó a ser el núcleo de la actividad social de la villa de Madrid. Se ha remodelado varias veces. El edificio principal es la antigua Casa de Correos, cuyo reloj marca las campanadas del Año Viejo. Actualmente es la sede del Gobierno de la Comunidad de Madrid.

• Plaza Mayor: construida entre 1617 y 1619. Tiene planta rectangular. En el centro se encuentra la estatua ecuestre de Felipe III.

El Madrid de los Borbones: durante el siglo XVIII se completa el trazado urbanístico y monumental de la capital, destacando el reinado de Carlos III, al que llamaron el Rey Alcalde.

• Palacio Real: construido sobre las ruinas del antiguo Alcázar. Es de estilo barroco. Contiene innumerables obras de arte.

• Puerta de Alcalá: mandada construir por Carlos III en 1778. Es el símbolo de la ciudad.

• Museo del Prado: construido por encargo de Carlos III para Museo de Ciencias Naturales, entre 1785 y 1811, fue inaugurado como pinacoteca nacional en 1819. Es el mejor edificio neoclásico de Madrid. Está considerado como uno de los mejores museos del mundo, con una colección de más de 3.000 pinturas, fundamentalmente de los siglos XV, XVI, XVII y XVIII, de los grandes maestros españoles (Velázquez, El Greco y Goya), flamencos (Durero, El Bosco, Rubens), italianos, venecianos, franceses, alemanes, holandeses, etc.

• Parque del Retiro: es el parque histórico más importante de Madrid. Tiene sus orígenes en los jardines del Palacio del Buen Retiro, construido por Felipe IV (1621-1625). Carlos III lo abrió al pueblo de Madrid. Se encuentra en pleno corazón de la ciudad, con una superficie de 118 hectáreas arboladas.

• Fuente de Cibeles: realizada sobre un dibujo de Ventura Rodríguez. Carlos III pensó situarla en los jardines del palacio de La Granja (Segovia), pero se quedó en la plaza a la que da nombre.

El Madrid del siglo XIX: la ciudad sufre una gran transformación que comienza con José Bonaparte. En el reinado de Isabel II se trazan los grandes bulevares y se forma el barrio de Salamanca.

• Teatro Real: gran teatro proyectado en 1818 para ópera. Su escenario es uno de los tres más grandes del mundo. Reformado recientemente.

• Teatro de la Zarzuela: construido según el modelo de la Scala de Milán en 1856.

• Banco de España: construido entre 1842 y 1891. Es una muestra del eclecticismo neoclásico, barroco y rococó. Tiene su origen en el Banco Nacional de San Carlos, creado en 1782 por Carlos III. Actualmente, sus funciones son: emisión de los billetes de curso legal, operaciones con el Tesoro, asesoramiento sobre política monetaria y crediticia e inspección. Desde 1998, forma parte del Sistema Europeo de Bancos Centrales (SEBC) de la Unión Europea.

El Madrid contemporáneo: se extiende a lo largo del paseo de la Castellana. Desde la plaza de Colón hasta la plaza de Castilla se pueden contemplar las mejores muestras de la arquitectura contemporánea: los Jardines del Descubrimiento, las Torres de Colón, el estadio Santiago Bernabéu del Real Madrid, Puerta de Europa y otros muchos edificios que albergan las sedes de instituciones financieras.

• Museo Nacional Centro de Arte Reina Sofía: ubicado en el antiguo Hospital de San Carlos, de la época borbónica, posee una importante colección de arte español del siglo XX, pinturas, esculturas, grabados de artistas nacionales e internacionales. Entre otros, destaca el Guernica de Picasso.

• Museo Thyssen Bornemisza: alberga la mayor y mejor parte de la colección del Barón Thyssen. Ochocientos cuadros de diversos maestros y escuelas desde el siglo XIII hasta nuestros días.

1 Por parejas o en grupos de 3-4: preparen la exposición consultando la audición de a) 1. Si lo desean, pueden hacer una presentación de la ciudad donde viven en este momento.

RECUERDE

SALUDAR ➤ PRESENTARSE ➤ INDICAR OPCIÓN

HACER COMENTARIOS ◄ MOSTRAR FOTOS ◄ EXPONER EL ITINERARIO

DAR CONSEJOS ➤ CONTESTAR PREGUNTAS

Multimedia

TAREAS EN INTERNET

Archivo   Edición   Ver   Favoritos   Herramientas   Ayuda

Atrás   Adelante   Detener   Actualizar   Inicio   Búsqueda   Favoritos   Correo   Imprimir

Dirección   http://www.mexico.org.mx/   Ir a

Situación: elaborar un folleto comparativo entre Ciudad de México y Buenos Aires.

¿Sabía que...? Ciudad de México fue fundada en el año 1325 d.C. con el nombre de Tenochtitlán. Allí se encuentra la calle más larga del mundo, llamada Insurgentes, que tiene una longitud de 25 km. Buenos Aires se fundó en 1536. En la actualidad, más de la tercera parte de la población del país (unos 40 millones de habitantes) vive en la aglomeración urbana conocida como el Gran Buenos Aires.

Tarea: obtener información general y específica de Ciudad de México y Buenos Aires para confeccionar un folleto explicativo con sus semejanzas y diferencias.

Para obtener información general, teclee las siguientes direcciones:

- **http://www.df.gob.mx/:** página del gobierno de Ciudad de México en la que se ofrece información relevante y de actualidad.

- **http://www.buenosaires.gov.ar/:** portal con información de todo tipo, desde la general a la económica o cultural, sobre diversas iniciativas que tienen lugar en la capital argentina.

- **http://mexicocity.com.mx:** una de las guías más completas de Ciudad de México, en la que se incluyen desde curiosidades relacionadas con la capital a visitas guiadas por la metrópoli.

- **http://www.cityofbuenosaires.com/:** guía completa que incluye hoteles, cines, compras y noticias relacionadas con la ciudad.

Internet

TAREAS CON EL CD ROM

1. **Antes de consultar el CD anote lo que sabe sobre:**
   a) Jorge Luis Borges.
   b) Los autores y las obras representativas del *boom* de la literatura latinoamericana.

2. **Consulte el CD y conteste verdadero o falso:**

Sobre Jorge Luis Borges: V   F

   a) Tenía un amplio conocimiento de la literatura europea.   ☐ ☐
   b) Sus primeros poemas reflejan aspectos de los barrios de Buenos Aires.   ☐ ☐
   c) Entre los diversos premios que recibió se encuentra el Premio Cervantes.   ☐ ☐

Sobre el *boom* de la literatura latinoamericana:

   a) Representa la fusión entre la realidad y los elementos mágicos.   ☐ ☐
   b) Los temas fundamentales son los aspectos de la vida cotidiana en Latinoamérica.   ☐ ☐
   c) El máximo esplendor se produce a partir de la década de los 70.   ☐ ☐

3. **Después de consultar el CD, conteste a las siguientes preguntas:**
   a) ¿Cuáles son los autores y las obras más representativas del realismo mágico?
   b) ¿Recuerda alguna escritora perteneciente a este movimiento?

DEBATE EN GRUPO:
La importancia de la poesía en nuestra vida cotidiana. La relación entre la poesía y la música en Latinoamérica y en su país.

ARCHIVO DE PALABRAS

1 Escuche de nuevo la grabación de *Permanezca a la escucha* y clasifique el siguiente vocabulario de acuerdo con su significado en ese contexto, añadiendo la categoría gramatical: alrededores, museo, Bolsa, tren, periódico, carpeta, banco, metro, mapa, periferia, autobús, bono, plano, estanco, guía, ruta, circular, estancia.

Medio de transporte	Lugar	Documento	Otros
....	alrededores (sust.)	....	....
....	....	....	....
....	....	....	....
....	....	....	....
....	....	....	....

2 Lea las definiciones de los siguientes estilos artísticos y hágalas corresponder con la foto adecuada.

Gótico: *Arte que en la Europa occidental se desarrolla desde el s. XII hasta el Renacimiento. En arquitectura se caracteriza por sus formas estilizadas y por la presencia de arcos apuntados y bóvedas sobre crucería de ojivas.*

Nazarí: *Estilo artístico propio de la cultura árabe, vinculado a la ciudad de Granada y caracterizado por su refinamiento decorativo.*

Prerrománico: *La arquitectura se singulariza por los arcos de medio punto y las bóvedas de cañón. El tipo de iglesia más frecuente es la basilical de tres naves.*

Cubismo: *Escuela y teoría estética que se caracteriza por la imitación, empleo y predominio de las figuras geométricas, así como por la representación simultánea de varios aspectos de un mismo objeto.*

Ibérico: *Período artístico comprendido entre el s. VI y el I a.C. En escultura destacan las figuras de sacerdotisas de carácter funerario que acusan la influencia del arte arcaico y púnico.*

Califal: *Período artístico coincidente con la época de esplendor del dominio musulmán. Se identifica fundamentalmente por la decoración de las cúpulas, los entrelazamientos y superposición de arcos.*

3 Ordene cronológicamente los períodos del arte español: Árabe (período cordobés, reino de taifas, dinastías africanas, Nazarí o Granadino), Barroco, Gótico, Neoclásico, Prerrománico (Visigodo, Asturiano, Mozárabe), Prerromano (Celta, Ibérico, Griego), Renacimiento (Plateresco, Herreriano), Románico, Romano, Siglo XX (Cubismo, Futurismo, Expresionismo, Surrealismo, Realismo Social, en pintura).

- S.VIII-I a. C.: ....
- S. VI a.C.- IV d. C.: ....
- S.V-XI: ....
- S. VIII- XVI: ....
- S. XI-XII: ....

- S. XII-XV: ....
- S. XV-XVI: ....
- S. XVII-XVIII: ....
- S. XVIII-XIX: ....
- S. XX: ....

4 De aquí y de allá: lea de nuevo la postal del ejercicio D.1. del Encuadre gramatical y sustituya algunas de las palabras por otras propias de Hispanoamérica:

allá • agarrar/tomar • colonias • camión/guagua • lindos • chamarra • bolsa • tarjeta postal

CONTENIDOS

OBJETIVOS COMUNICATIVOS:
- Describir y comparar información, objetos/medios de comunicación.
- Hablar sobre la existencia de algo o alguien.
- Presentar información sin precisar el sujeto.
- Expresar acuerdo o desacuerdo total o parcial.
- Justificar y argumentar opiniones.
- Expresar causa y consecuencia.
- Indicar periodicidad o frecuencia con que se realiza una acción.

CONTENIDOS LINGÜÍSTICOS:
- *(No) Haber* + sustantivo/indefinidos.
- Usos de *ser* y *estar*.
- Construcciones con *lo*.
- Construcciones de pasiva y *se* impersonal.
- Oraciones causales.
- Oraciones consecutivas.
- Organizadores del discurso (I).
- Expresiones de periodicidad y de frecuencia.
- Números cardinales.
- División silábica.
- c/k/q/

ESTRATEGIAS DE COMUNICACIÓN Y DE APRENDIZAJE:
Recurrir a conocimientos previos; organización del discurso, elaborar un esquema con las ideas que se desea transmitir; reconocer y utilizar los marcadores del discurso, organización del párrafo; extraer información relevante.

LÉXICO:
Medios de comunicación y terminología periodística.

TEXTOS:
El género periodístico y la argumentación.

INTERNET:
Visitar y comparar ediciones digitales de diversos periódicos.

episodio 3

La prensa en español

 # A. Prácticas del vídeo

1 **Antes de ver el vídeo, rellene la encuesta sobre los medios de comunicación y compare sus respuestas con las de su compañero:**

		Usted	Su compañero
a) ¿Qué medio de comunicación prefiere para informarse?			
	• prensa escrita	☑	☐
	• televisión	☐	☐
	• radio	☐	☑
	• prensa digital	☐	☐
b) ¿Lee revistas			
	• del corazón	☐	☐
	• económicas	☐	☐
	• deportivas	☐	☐
	• de humor?	☑	☑
c) ¿Cuántas horas al día dedica para consultar los medios de comunicación y estar informado?			
	• Media hora	☑	☑
	• Una hora	☐	☐
	• Dos horas o más	☐	☐

d) ¿Con qué frecuencia
- lee el periódico ....*frecuentemente*....
- oye la radio ....*raramente*....
- ve la televisión ....*raremente*....
- consulta Internet? ....*frecuentamente*....

e) ¿Qué piensa de los medios de comunicación hispanos en comparación con los de su país?

....

....

2 Sobre el vídeo.
¿Ha entendido bien? Señale las respuestas correctas.
Justifique sus respuestas.

	Sí	No	¿?
1. El locutor tiene una voz agradable.	☐	☑	☐
2. En España, hay publicaciones generales y especializadas.	☑	☐	☐
3. La prensa se vende en quioscos y en tiendas.	☑	☐	☐
4. *El Mundo* y *El País* se publican desde 1987.	☐	☑	☐
5. El *ABC* es el periódico más antiguo.	☑	☐	☐
6. El *Marca* es un periódico especializado en economía.	☐	☐	☑
7. Los suplementos dominicales tienen una periodicidad semanal.	☐	☐	☐

3 Después de ver el vídeo:

1. Anote el nombre de los periódicos españoles en la clasificación siguiente:

   a) deportivos: el marca, el mundo deportivo,

   b) nacionales: el país, el mundo, ABC

   c) regionales: el correo, el periódico

   d) suplemento dominical:

2. Busque los términos correspondientes a las siguientes definiciones:

   a) Publicación impresa que aparece con periodicidad regular:
   .... Periódico ....

   b) Comercio que se dedica específicamente a vender prensa:
   .... Quiosco ....

   c) Términos que designan los centímetros de altura y de anchura que tiene una publicación:
   .... Formato ....

   d) Número de ejemplares de una publicación:
   .... Tirada ....

   e) Periódico que sale una vez a la semana:
   .... Semanario ....

   f) Producto editorial ya completado y comercializado:
   .... Periódico Ejemplar ....

3. a) ¿Reconoce estos medios de comunicación? Estudie las direcciones de Internet y clasifíque-los en la categoría correspondiente:

Agencias de prensa	www.wsj.com	www.clarin.com	www.cadenaser.es
Periódicos	www.independent.co.uk.	www.repubblica.it	www.reuters.com
Radio	www.uol.com.br/fsp	www.efe.es	www.elmundo.es
Televisión	www.bild.de	www.cnn.com	www.financialtimes.com
	www.recoletos.es/expansion	www.lemonde.fr	www.rtve.es
	www.levante-emv.es	www.elpais.es	www.el-universal.com.mx/

b) Lea la siguiente noticia extraída de uno de esos medios y trate de responder a las preguntas que se plantean:

Voltee usted a su alrededor, amable lector, y dese cuenta de lo que sucede: dos vecinos que llevan un año peleando por un lugar de estacionamiento, un inquilino que no paga la renta o las cuotas de mantenimiento, aquel que usa su departamento para otros fines que no son habitación o mete demasiada gente a vivir en él, este que impide pasar a las zonas de uso común, hace demasiado ruido o usa productos que huelen mal.

Un caso increíble me lo contaron las propias autoridades de la Procuraduría Social: se trata de una persona que para aumentar el tamaño de su departamento mandó ampliarlo sobre el estacionamiento colectivo, para lo cual, dado que está en el último piso, hizo levantar unas enormes columnas que les tapan la luz y les impiden abrir la ventana a todos

los departamentos de abajo. Y los vecinos no han podido hacer nada.

La tragedia debería servir para cambiar a la sociedad ...., tendría que ser un parteaguas en nuestra conciencia en el sentido de que los ciudadanos deberíamos darnos cuenta de que no podemos molestar al otro impunemente, de que ello por necesidad tiene consecuencias graves. Es decir, que no podemos tapar con nuestro auto la entrada del otro, hacer todo el ruido que nos venga en gana, convertir nuestro departamento en lugar de fiestas o de oficinas, apropiarnos de las azoteas o pasillos o estacionamientos de los edificios, dejar de pagar la renta o mantenimiento, convertir en basurero los jardines.

El Universal, 16 de mayo de 2002

1. ¿Qué tipo de publicación cree que es?

2. ¿Es española o latinoamericana? Justifique su respuesta.

3. ¿A qué país se está refiriendo el/la periodista?

4. ¿Cuál podría ser la palabra que falta?

B.

¡A ESCENA!

1 Consulte la transcripción del vídeo del Episodio 3 y la sección de Referencia gramatical (Cuaderno de ejercicios) y anote las expresiones que se utilizan para:

- Describir y comparar los medios de comunicación.
- Hablar sobre la existencia o conocimiento de algo.
- Presentar información, sin precisar el sujeto.
- Indicar periodicidad o frecuencia con que se realiza una acción.

2 Redacte individualmente una breve presentación sobre los medios de comunicación escrita en su país siguiendo un esquema similar a la secuencia del vídeo.

3 Exponga oralmente su presentación y conteste a las preguntas de sus compañeros.

C. Permanezca a la escucha

 1 Escuche la programación de la tertulia radiofónica y señale el orden en el que aparecen los contenidos:

Opinión • Comentario informal • Consejo • Sugerencia • Consecuencia • Causa

 2 Escuche de nuevo la presentación e indique a qué tipo de sección corresponde cada uno de los temas que se tratan en la tertulia:

◆ GENTE ◆   ◆ ECONOMÍA ◆

◆ POLÍTICA INTERNACIONAL ◆   ◆ LIBROS Y ARTE ◆

◆ SALUD ◆   ◆ SOCIEDAD ◆

 3 ¿A qué tipo de audiencia cree que va dirigida esta tertulia? Anote las palabras más significativas que justifiquen su respuesta:

Niños • Adolescentes • Adultos • Público especializado • Jubilados

 4 Escuche algunos extractos de la tertulia y relacione las intervenciones con el titular correspondiente de un periódico de ese día:

CORAZÓN CORAZÓN

LA ZONA EURO EMPRENDERÁ SU RECUPERACIÓN A PRINCIPIOS DE ESTE AÑO, ASEGURA SOLBES

El BCE mantiene los tipos en el 3.25% en su primera reunión de 2002

EUFORIA CONTENIDA EN EL REAL MADRID TRAS VENCER AL DEPORTIVO Y PROCLAMARSE CAMPEÓN DE INVIERNO

LA ESTANTERÍA DEL GENIO

LAS CITAS ARTÍSTICAS DEL CENTENARIO

Aunque el año Gaudí dará comienzo el próximo día 17 de enero, su inauguración oficial no tendrá lugar hasta el 20 de marzo, fecha a partir de la cual se sucederán los más diversos homenajes al arquitecto. Barcelona será el foco principal, pero tanto Cataluña como el resto de España también se volcarán en la celebración.

¿POR QUÉ GANAMOS?

La epidemia de gripe aparece en Madrid y Cataluña

Una reyerta en una discoteca de Rascafría se salda con dos heridos

A) Usos de *ser* y *estar*

SER. Se usa para expresar:
• identidad,
• origen y nacionalidad,
• profesión,
• descripción de personas, objetos y lugares,
• materia,
• localización en el tiempo,
• propiedad,
• la hora,
• explicar el contenido y expresar opiniones subjetivas,
• valoraciones de actividades, cualidades de las personas.

ESTAR. Se usa para expresar:
• localización en el espacio,
• estados físicos y anímicos de las personas,
• circunstancias o estados de objetos y lugares,
• acciones continuas.

1 **Después de repasar los usos de *ser* y *estar*, indique el verbo apropiado para cada caso y explique a qué uso de la tabla corresponde:**

a) Según fuentes consultadas, la reunión de los dos líderes políticos .... mañana en un restaurante de la capital.

b) Cuando los colegios .... cerca de casa, los niños aprendían a caminar por la calle, primero de la mano, y luego solos.

c) No lo recuerdo exactamente, pero creo que deben de .... unos 145.

d) Rafael .... un cuarentón que .... pasando un mal momento. .... el encargado de sacar adelante un restaurante familiar sin apenas ayuda.

e) Ana todavía no tiene amigos, pero .... secretamente enamorada de Javier.

f) Las corbatas que .... encima de la mesa del comedor .... mías, así que no las cojas.

g) A pesar de que .... deprimido por su separación, ... en la inauguración de la exposición sobre su obra.

h) No entendemos por qué .... bajo sospecha permanente por dar una versión diferente del problema de la inmigración.

i) La verdadera razón de la huelga .... la desconfianza de los ciudadanos ante un gobierno inoperante.

j) ¿A qué día ....?
Hoy .... 17, 17 de abril.

2 **Observe las cabeceras de los periódicos y complete la información con el verbo *ser/estar*:**

a) Nombre
b) Lugar de publicación
c) Antigüedad
d) Periodicidad
e) Fecha
f) Precio
g) Director
h) Dirección electrónica

Ser y *estar* con adjetivos

• **Ser + adjetivo:** presenta características inherentes al sujeto, percibidas como permanentes por el hablante. *El pescado* **es caro.** *Mi hermano* **es muy delgado.**	• **Estar + adjetivo:** presenta las características que el hablante siente como temporales o relativas. *En Navidad el pescado* **está caro.** *Mi hermano* **está muy delgado** *ahora.*
• **Ser** se utiliza para valorar de una forma que el hablante pretende que sea objetiva. *El puesto de trabajo* **es bueno.** *Su nueva novela* **es** *un experimento narrativo muy brillante.*	• **Estar** se utiliza para opinar sobre una actividad o período de tiempo. *Tu trabajo* **ha estado** *muy bien.* **Estoy** *convencido de que no dice la verdad.*

 Complete el siguiente artículo de periódico con el verbo que corresponda (*SER* o *ESTAR*).

Miguel Ángel García, un economista madrileño de 47 años, ... (1) listo para dar el mayor salto de la historia. Dentro de aproximadamente un año, se soltará desde un globo aerostático a 38.000 metros de altura. Su intento dejará pequeña la anterior plusmarca mundial, los 32.000 metros del coronel de aviación estadounidense James Kittinger en 1960.

Para lograr su sueño, García se puso en contacto hace cuatro años con el Instituto Nacional de Técnicas Aerospaciales (INTA) por medio de un amigo. Entre el INTA y la Universidad Autónoma de Barcelona elaboraron un estudio de viabilidad, cuyas conclusiones no pueden .... (2) más elocuentes: 'Técnica, médica y humanamente, el salto .... (3) factible'. Financieramente, salvo en su coste estimado, no se pronuncian. Los casi tres millones de euros que costará el salto deberán .... (4) sufragados por empresas privadas con las que García ya está en contacto. 'Más de una .... (5) interesada', asegura.

Sólo falta por determinar las condiciones del salto. La mejor posición, según las simulaciones, ... (6) sentado. Mientras vaya descendiendo, múltiples sensores darán cuenta de su ritmo cardiaco y respiratorio, así como de la respuesta del sistema hormonal. Con ello se espera poder comprobar si el organismo humano .... (7) resistente en esas condiciones. Siempre y cuando, claro está, García consiga contarlo. Él .... (8) seguro de conseguirlo: 'No .... (9) loco', repite.

(Adaptado de *El País*, 17 de abril de 2002)

B) Construcciones con *lo*

Lo + más/construcciones comparativas	Con valor superlativo, expresa el punto de vista o valoración.	*Hacer la portada es* **lo más difícil.**
Lo + de	Refiere algo sin mencionarlo porque el interlocutor ya tiene la información o porque no se considera necesario.	*Lo de Fernando es terrible.*
Lo + cual/lo que	Se emplea para hacer referencia a algo que se acaba de decir.	*Perdí el tren,* **por lo cual** *llegué tarde.*
Lo + adjetivo/adverbio + que **Lo de + artículo/posesivo + nombre**	Da mayor intensidad al adjetivo/adverbio. Se emplea para hacer referencia a un asunto.	*Estoy admirada de* **lo bien que** *redactas.* *¿Sabes* **lo de mi** *contrato?*

(handwritten note: →Which is why)

Complete las frases siguientes con las expresiones adecuadas del recuadro. A continuación señale con qué uso relaciona cada caso.

> **LO DE • LO PEOR • LO MENOS • LO DE TU • LO CUAL • LO MAL •**
> **LO POCO • LO MEJOR**

1. No entiendo nada de lo que hizo. .... de todo quizás sea su silencio. Para eso no hay excusa.

2. Están muy disgustados con .... que has reaccionado en esa situación.

3. Aún no se pueden creer .... enfermedad.

4. En este momento .... importante es que el coche tenga los cristales rotos.

5. Quiere subir al K2 en invierno, para .... necesitará una cantidad adicional de alimentos.

6. Conduces muy bien para .... que utilizas el coche.

7. Yo prefiero no comentar nada más sobre .... su boda con Mario. Me parece un disparate.

8. Quizás .... que puedas hacer es dejar esa casa. Son muchos recuerdos.

C) Construcciones pasivas y se impersonal

Pasiva con *ser:* sujeto paciente + *ser* + participio (+ *por* + agente)	Expresa una acción o un proceso del que interesa más el objeto o el verbo que el agente. Es un recurso periodístico y literario. Se usa cuando se desconoce el agente o no se quiere expresar.	*La ladrona **fue capturada por** la policía. Los artículos **fueron redactados por** especialistas. El programa **había sido revisado** con vistas a su comercialización.*
Pasiva con *estar:* sujeto paciente + *estar* + participio (+ *por* + agente)	Expresa el resultado de una acción anterior.	*Las fotos **están pagadas** (por la editorial).*
	Se usa para evitar mencionar el agente.	*El testigo **está protegido** (por la policía).*
***Se* + verbo en tercera persona singular y plural + nombre en singular o plural**	Se usa para evitar mencionar el agente de la acción. Sustituye a la pasiva con *ser.*	***Se escribió** el artículo en 1999. = El artículo fue escrito en 1999. **Se venden** todos los ejemplares. = Todos los ejemplares son vendidos.*
	Expresa involuntariedad.	***Se ha perdido** la documentación.*

 Exprese con otra construcción pasiva los siguientes titulares:

SE DETECTÓ UNA FUGA DE GAS METANO

UN EMPRESARIO SUECO HA SIDO SECUESTRADO POR LA GUERRILLA

Se han hallado grabados de hace 28.000 años

Se necesita secretaria trilingüe

Se celebraron las fiestas de primavera

Ese palacete del siglo XVIII está vendido en dos millones de euros

SE COMPRAN COLECCIONES DE SELLOS

2 Complete las intervenciones expresando involuntariedad:

a) • ¿Qué le ha pasado a mi despacho? Están todos los papeles por el suelo.
   ◆ Estaba limpiando y .... *(caer)*.

b) • ¿No hay café para desayunar?
   ◆ No. Ayer .... la cafetera *(romper)*.

c) • ¡Vamos a un restaurante!
   ◆ ¿Por qué?
   • Porque el horno .... *(estropear)* y no puedo guisar.

d) • Hay que esperar porque el avión .... *(retrasar)*.

e) ◆ ¿Por qué no traes el coche?
   • Pues porque .... *(averiar)*.

3 Lea las tareas que corresponden a la elaboración de un periódico y compruebe el vocabulario. A continuación, escuche la explicación de la rutina diaria y anote el orden de las tareas y el responsable de cada actividad:

a) Tiene lugar otra reunión en la que el director y los jefes de las secciones discuten los contenidos más relevantes para redactar el editorial. ☐

b) El redactor jefe tiene la maqueta de todas las páginas con el espacio asignado a la publicidad. ☐

c) La centralita telefónica ha estado recibiendo llamadas con noticias que pueden ser interesantes. ☐

d) Se celebra la primera reunión del día. El equipo de dirección revisa lo que va a ser el diario del día siguiente. Los redactores se concentran en la actualidad del día. ☐

e) Los programas de radio y televisión, la cartelera de cine y teatro y los reportajes se producen con algunas horas de antelación e, incluso, varios días antes. ☐

f) Es la hora del cierre de la edición nacional y se envían las páginas a los talleres para que se impriman, ya que, a partir de las cinco y media de la mañana, se distribuyen los ejemplares por todo el territorio. ☐

g) Los redactores terminan las informaciones, que van acompañadas de fotografías, mapas, etcétera. Los jefes de sección supervisan los titulares de las noticias. ☐

h) Se decide el tema que tenga la suficiente importancia como para ir en la portada. También se decide el diseño de esta primera página. ☐

D) Expresar causa y consecuencia

Para preguntar y explicar la causa

¿Por qué + indicativo? (neutralidad) **¿Cómo es que?**	**Porque...** **Pues...** **Debido a que...** **Como** (aporta información nueva) **Es que...** (justificación) **Lo que pasa es que...** (causa justificada por un problema) **Que...**	- *¿Por qué no compras el periódico?* • *Es que no tengo tiempo.* - *¿Cómo es que no venís a la cena? Estará Jaime.* • *Por eso mismo no voy.* • *Lo que pasa es que tengo que madrugar.* • *Pues que estoy a dieta.* • *Es que han venido mis padres.*
¿Por qué no + indicativo? **¿Cómo es que + indicativo?**	**Puesto que** (informan de una causa conocida) **Teniendo en cuenta que** **Dado que** + indicat. **Ya que** **Por**	- *¿Por qué no hablas?* • *Teniendo en cuenta que nunca me escuchas...* - *¿Cómo es que trabajas aquí?* • *Por ser hijo del jefe.*

Relacione la columna A con la columna B:

 A -> B

a) No pudimos hacer fotografías…

b) ¿Cómo es que no has llamado?…

c) No pudieron coger el avión…

d) ¿Por qué no has hecho el reportaje?…

e) Acepto tus sugerencias…

f) Le dieron un premio…

g) No se veía nada…

1. a causa del humo.

2. ya que creo que tienes razón.

3. debido a la huelga de pilotos.

4. porque no había luz.

5. por su labor en la radio.

6. Es que he estado enfermo.

7. Es que he perdido tu número.

 Pregunte y responda a su compañero diciendo la causa o justificación:

¿Por qué…? • ¿A qué se debe…? • ¿Cómo es que…? • ¿Qué te pasa?

Alumno A

- Llegar tarde a una cena importante.
- Tener aspecto cansado.
- Estar distraído.
- Llamar por teléfono constantemente.
- No tener carné de conducir.

Alumno B

- Permanecer callado en una fiesta.
- Estar de mal humor.
- No querer bailar.
- Mirar hacia la puerta constantemente.
- No trabajar con ordenador.

Para expresar consecuencia

• **Así (es) que** + **indicativo** **Entonces** + ind.	Expresa la consecuencia de lo dicho.	*No has estado en la reunión, **así que no sabes** nada.*
• **Por lo tanto** + **indicativo**	Indica la relación causa-efecto.	*No has traído las fotos, **por lo tanto no hay** reportaje.*
• **Total (que)** + **indicativo** **De modo que** + **indicativo**	Introduce la consecuencia o resumen de una acción como si fuera un inciso dentro de la oración principal.	*El consejo de Ministros aprobó el Proyecto de Ley, **de modo que** desde el año 2004 **habrá** examen de reválida.*

 Termine las frases siguientes señalando las consecuencias de estos hechos:

- Los niños ven demasiadas películas violentas.
- Se estropeó la tele hace un mes.
- Cuando llegamos, la playa estaba llena de petróleo.
- Fuimos a cenar y después a bailar hasta las tres de la madrugada.
- No me han pagado el sueldo todavía.

 Por parejas: Lean estos titulares y escriba unas líneas especulando sobre el contenido de cada noticia. Después, coménteselas a su compañero, añadiendo las posibles consecuencias:

Alumno A	Alumno B
ATRACAN A LOS JUGADORES DE BALONCESTO CUANDO ESTABAN COBRANDO	*Camilo José Cela desveló que estuvo a punto de quemar La Colmena*
Hay agua sólo para un año	EL EJECUTIVO ARGENTINO ESPERA QUE EL SENADO DEROGUE LA LEY QUE EXIGE EL FMI
UN HOMBRE HIERE DE UN TIRO A UN BARRENDERO POR NO DEJARLE SALIR DE UN GARAJE	NOCHE DE SUSTO EN CATAMARCA, CÓRDOBA Y TUCUMÁN POR UN TEMBLOR

E) Expresar la opinión y argumentarla

(Yo) *Creo que* (Yo) *Pienso que* *En mi (tu/su/nuestra) opinión* *A mí me parece que* *Por un lado, ... por otro...*	+ indicativo	¿Qué opinas de la nueva directora? • *A mí me parece* que es muy competente. - *Creo que deberíamos* esperar antes de juzgarla.
(Yo) *Creo que no* *No pienso que* *No me parece que* *Es mejor que* *Estoy en contra de que* *No estoy de acuerdo con que*	+ subjuntivo	¿Qué te parece la foto de la portada? • *No estoy de acuerdo* con que *se haya publicado*. - *No me parece que sea* tan horrorosa como dicen. ✦ *Es mejor que* no me lo preguntes.

1 **Para ordenar la argumentación, numere los organizadores del discurso que aparecen en las cajas:**

1. Iniciar la argumentación.
2. Ordenar las razones y argumentos.
3. Añadir información.
4. Introducir una opinión.
5. Introducir una opinión contraria.
6. Señalar evidencias.
7. Introducir una objeción o limitación.
8. Clarificar o reformular argumentos.
9. Señalar consecuencias.
10. Terminar una argumentación.

Además Asimismo Es más Cabe añadir/señalar Por un lado... por otro (lado) Por una parte.... por otra ☐	En primer lugar En segundo lugar Por último Finalmente ☐	Evidentemente Ciertamente Lo cierto es que La verdad es que Sin duda ☐	Así Por tanto Total, que Consecuentemente En consecuencia ☐
A mi/tu/nuestro juicio Opino que Según... Creo que A juicio de... ☐	En resumen A modo de conclusión Para terminar/concluir En una palabra Finalmente ☐	Por el contrario En contra En cambio A pesar de todo ☐	Para empezar Lo primero de todo Primeramente Antes de nada... ☐
		Dicho de otra manera En otras palabras O sea Esto es ☐	Sin embargo No obstante Aun así Ahora bien ☐

2 **Inserte en el texto el conector apropiado:** *por una parte, así, en primer lugar, sin embargo, a juicio de los expertos, por otra parte.*

...................., hay que señalar que la introducción del euro ha tenido amplias consecuencias. ...., en el mundo de los negocios, ..., los ciudadanos se han beneficiado. ...., pensando que la sustitución de las monedas nacionales podría causar graves problemas, se decidió hacer esta sustitución de forma progresiva porque, ..., se evitarían estos problemas. ...., se debería introducir a lo largo de varios meses.

3 **Exprese su opinión sobre estos temas. Ordene su argumentación utilizando los conectores necesarios:**

- Ampliación del horario de los grandes almacenes.
- Limitación de horario para los bares y discotecas que frecuentan los adolescentes.
- Salario para todos los desempleados.

Ustedes van a visitar un periódico con su profesor de la universidad. Después, van a participar en un taller de redacción y, finalmente, van a elaborar su propio periódico.

a) Visita a un periódico

1 **Escuchen la información que se proporciona durante la visita al periódico *El Globo* y tomen notas para contestar a las siguientes preguntas:**

a) ¿Qué es la portada?

b) ¿Qué función tiene el editorial y las cartas al director?

c) ¿Quién proporciona la información internacional?

d) ¿Qué aspectos cubre la sección de sociedad?

e) ¿Dónde se puede encontrar la información sobre cine y teatro?

f) ¿En qué sección puedo encontrar la información para empresas?

2 **Por parejas: comenten con su compañero los contenidos de cada una de las secciones, indicando cuál es la sección (o secciones) que más les interesan (para leer o para trabajar en ellas) y por qué:**

Opinión ◆ Nacional ◆ Internacional ◆ Sociedad ◆ Cultura ◆ Economía ◆ Deportes Pasatiempos ◆ Horóscopo ◆ Espectáculos ◆ Tiempo ◆ Lotería ◆ Radio y Televisión

b) Taller de redacción

1 **Relacione cada género periodístico con su definición:**

Artículo • Cartas al Director • Editorial • Noticia

a) Representa la opinión del diario en relación con un tema o problema. No se firma.

b) Expresan las opiniones de los lectores sobre temas relevantes para ellos. Son breves, con lenguaje claro y directo. Van firmadas por los lectores.

c) Ofrece información sobre un hecho actual de forma sucinta pero completa. Se construye con frases cortas y verbos dinámicos, en forma activa. Tiene estructura piramidal: titular o resumen de la información; entrada, que es el párrafo inicial que sintetiza los datos esenciales para comprender el resto de la noticia. El cuerpo central es el desarrollo propiamente dicho de la noticia. Puede ser cronológico o piramidal, según la mayor o menor complejidad de los elementos informativos.

d) Puede ser de opinión, ensayo o costumbres. En él se alude a temas científicos, culturales, filosóficos o políticos. La columna es más breve y representa una reflexión sobre un aspecto de la realidad o la valoración sobre un libro, una película, una obra de teatro o un espectáculo musical. Va firmado.

2 A continuación seguirá, en sus distintas fases, el proceso de elaboración de las noticias en un periódico.

a) Lea la noticia, colocando en el orden correcto el titular, la entrada y el cuerpo informativo y respondiendo a las seis preguntas básicas (qué, quién, cómo, dónde, por qué, para qué).

> Al salir de su trabajo, dos ladrones lo tomaron de rehén. De pronto se vio encerrado en su propio auto conducido por un asaltante. Pero el ladrón que manejaba chocó con otro vehículo y poco después disminuyó la velocidad. Entonces Daniel Marega -abogado, empleado de una fiscalía de Campana- vio la oportunidad: se tiró del Peugeot 405 y escapó de lo que pudo haber terminado como un secuestro exprés.
>
> Según información suministrada por Télam, fue el martes cerca de las 22. Marega quedó un poco golpeado. Tanto su auto como los dos ladrones fueron encontrados a la madrugada en Los Cardales, partido de Exaltación de la Cruz.
>
> Según reconstruyó la Policía, los asaltantes sorprendieron a Marega en la puerta de la fiscalía de Campana cuando bajaba de su auto. Con una pistola 9 milímetros lo amenazaron para que se metiera con ellos nuevamente en el Peugeot 405.
>
> Tomaron por la calle 25 de Mayo. En el cruce con San Martín el joven que manejaba chocó y, poco después, al llegar al arco ubicado en la entrada de la ciudad, redujo la velocidad.
>
> Ante esto el abogado abrió su puerta y se tiró del auto, que fue encontrado luego en Las Heras y 25 de mayo, de Los Cardales.
>
> *Clarín,* 16 de mayo de 2002
>
> **SE TIRÓ DE UN AUTO Y EVITÓ QUE LO SECUESTRARAN.**

b) Lea esta columna y coloque los párrafos en el orden correcto. A continuación, escriba un breve resumen de la opinión del columnista.

1. Lo lógico sería que cuando se trata de temas especializados y muy concretos, fuesen convocados a opinar quienes tienen conocimientos de la materia; pero no, asisten los de siempre y lo mismo opinan sobre temas políticos que religiosos o científicos o médicos.

2. Pienso que si muchos de los radioyentes de tales tertulias, por otra parte muy interesantes en términos generales, supiesen lo que gana cada contertulio por participar, se quedarían boquiabiertos.

3. Pienso que no deja de tener razón un amigo mío que sostiene que no pocos de los periodistas o que se hacen pasar por periodistas son, en realidad, opinadores profesionales, es decir, gente que les echen lo que les echen, opinan como si dominaran la materia de la que se trata.

4. Opinadores profesionales

5. Manuel Fernández Areal

6. Resulta muy sorprendente escuchar a un señor que nada sabe de arquitectura, opinar sobre arquitectura o a otro que no sabe nada de maquinaria industrial ni de energía atómica, decir que no hay peligro en tal o cual operación técnica.

7. La verdad es que la tertulia radiofónica se ha convertido en todo un género periodístico nuevo. No son entrevistas propiamente dichas, ni reportajes, ni editoriales, ni información, ni... ¿Qué son entonces las tertulias radiofónicas? Una mezcla de todo lo conocido hasta ahora como género periodístico.

c) Lea el texto y corrija los errores de acentuación.

EL ÉXITO DE BETTY LA FEA

Esa mujer que demostro no ser fea sino mal arreglada, el "patito feo" que el galan de galanes, Armando Mendoza, tuvo que enamorar para no perder su empresa, regresa a la television colombiana en forma de serie.

En *Ecomoda*, Beatriz Pinzon, la fea que se volvió bonita, se encuentra viviendo el cuento de hadas que siempre soño, con su principe azul, pues la epoca de secretaria en un cuarto oscuro y mal arreglado ha quedado atras. Ahora es la presidente de la más importante casa de modas del pais. Las fantasías que

tenia mientras trabajaba como una fea asistente, se han convertido en el pan de cada dia durante los dos años de casada con Armando, e incluso, fruto de su amor, ya ha nacido una niña de sólo un año de edad.

Sin embargo, sería muy aburrido contar esta historia donde no hay conflictos, dolor y temores, no seria un buen producto televisivo, por lo que Fernando Gaitan decidió contar la historia de su fea, ahora bella, despues del matrimonio, narrando cosas que dejo de contar en la telenovela original.

El Colombiano, 21 de mayo de 2002

c) Proyecto: elaboración de un periódico

 Elección del nombre del periódico

a) Por parejas: formulen sus propuestas para el nombre y el diseño de la cabecera del periódico (logotipo, color, tipo de letra).
b) Todo el grupo: presenten las distintas propuestas y voten para elegir el diseño y nombre del periódico que van a elaborar.
c) A continuación, tienen que nombrar un director o directora del periódico.

2 **Organización del equipo de redacción**

a) Todo el grupo: elijan el tipo de periódico que desean y las secciones correspondientes: opinión, cartas al director, nacional, internacional, economía, deportes, cultura, sociedad, entrevistas, reportajes.
b) Individualmente, elijan la sección en la que van a trabajar y distribuyan el trabajo entre los grupos responsables de cada sección. También deben elegir un coordinador de cada sección.

3 **Búsqueda de información**

Cada alumno responsable de una sección debe buscar la información necesaria para redactar la noticia correspondiente y aportar los documentos o información gráfica con la que se vaya a ilustrar (fotografías, mapas, dibujos). En esta fase pueden ser de gran ayuda los recursos de Internet.

 Reunión del equipo de redacción

a) Los componentes de cada sección presentan los materiales que han seleccionado y se discute sobre las noticias más significativas para cada sección.
b) El coordinador redacta el contenido de la noticia y todo el grupo supervisa y corrige, si es necesario.

 Reunión de coordinación y presentación

a) Los coordinadores de cada sección se reúnen para seleccionar las noticias de la portada y el orden de las secciones.
b) Todo el grupo se reúne para organizar la maquetación y la presentación del periódico.

Multimedia

TAREAS EN INTERNET

| Archivo | Edición | Ver | Favoritos | Herramientas | Ayuda |

| Atrás | Adelante | Detener | Actualizar | Inicio | Búsqueda | Favoritos | Correo | Imprimir |

Dirección http://www.clarin.com ▼ ⤴ Ir a

Situación: visitar y comparar las ediciones digitales de varios periódicos españoles, latinoamericanos y de su país.

¿Sabía que...? por su carácter variable, no se puede dar la cifra exacta de periódicos y revistas digitales existentes. Sin embargo, la mayor parte de las publicaciones en soporte papel tienen su propia versión digital.

Tarea: localizar y comparar la información en distintas publicaciones digitales.

1. Teclee las siguientes direcciones :
   http://www.clarin.com/   http://www.elmercurio.cl   http://www.lanacion.com.ar/
   http://www.el-universal.com.mx   http://www.el espectador.com

   a) Compare la información de las cabeceras y el nombre de las secciones y anote las diferencias entre las secciones de la prensa española y la hispanoamericana.
   b) Lea los titulares de las portadas de cada uno y tome notas para comprobar los temas que tienen un tratamiento privilegiado.

2. Teclee las siguientes direcciones:
   http://www.abc.es   http://www.el-mundo.es   http://www.elpais.es   http://www.lavanguardia.es/

   a) Revise las portadas de los periódicos españoles y anote las noticias que aparecen en la portada.
      Puede visitar algunos periódicos y comparar los temas.
      Si están interesados en deportes, tecleen http://www.marca.es/   http://www.sportsya.com/
      Si están interesados en la economía, tecleen http://www.cincodias.es   http://www.expansion.es

3. En grupos: comenten las coincidencias y las diferencias entre las noticias de las portadas que privilegian los medios de comunicación de uno y otro país.

Internet

TAREAS CON EL CD ROM

1. **Antes de consultar el CD, anote lo que sabe sobre:**
   a) El Camino de Santiago y las peregrinaciones en la actualidad.
   b) Los orígenes y características del estilo románico.

2. **Consulte el CD y conteste verdadero o falso:**

   Sobre el Camino de Santiago:

	V	F
a) Santiago de Compostela es un lugar de peregrinación desde el siglo IX a.d.C.	☐	☐
b) El Camino de Santiago facilitó el intercambio artístico y técnico entre los pueblos de Europa.	☐	☐
c) La Catedral de Santiago es el monumento más emblemático del románico español.	☐	☐

   Sobre el estilo románico:

	V	F
a) No se encuentra solamente en España.	☐	☐
b) Comienza en el siglo X y termina en el XII.	☐	☐
c) Se caracteriza por la sencillez de formas.	☐	☐
d) Las iglesias estaban orientadas hacia Jerusalén.	☐	☐

3. **Después de consultar el CD, conteste a las siguientes preguntas:**
   a) ¿Qué significado tuvo y tiene actualmente el Camino de Santiago?
   b) En su opinión, ¿cuál era la ruta más importante y por qué?

DEBATE EN GRUPO:
Semejanzas y diferencias entre los peregrinos de la Edad Media y los de los siglos XX y XXI. Influencia de la literatura de viajes en la elección de un destino turístico.

ARCHIVO DE PALABRAS

1 **Visita de la Catedral de Santiago de Compostela:**

a) Escriba su definición de los términos. Puede consultar un diccionario o preguntar a su compañero.

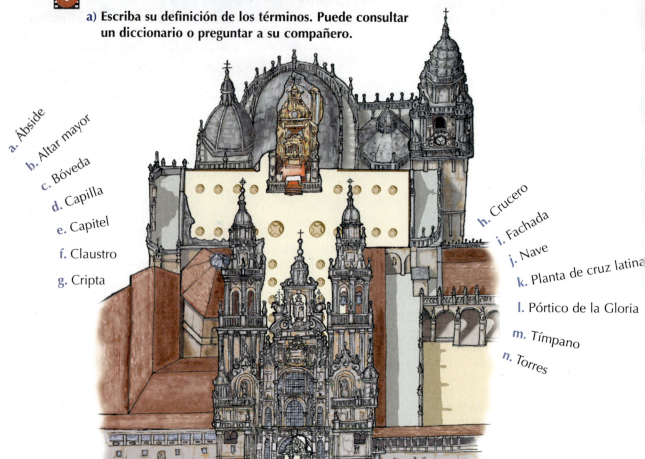

a. Ábside

b. Altar mayor

c. Bóveda

d. Capilla

e. Capitel

f. Claustro

g. Cripta

h. Crucero

i. Fachada

j. Nave

k. Planta de cruz latina

l. Pórtico de la Gloria

m. Tímpano

n. Torres

b) Estudie la ilustración de la catedral y coloque el nombre en el lugar apropiado.

c) Complete las explicaciones de la guía con el concepto apropiado:

La legendaria reina de Saba, presente en toda la iconografía medieval gallega, se distingue claramente en el .... de la Gloria.

La iglesia es de grandes dimensiones. Tiene .... de cruz latina y .... de cañón en la ....

central. La ....' del Obradoiro, ricamente esculpida y añadida en el siglo XVIII, se alza entre dos .... de origen románico y convertidas al barroco.

Estas ...., de 74 metros de altura, son el punto más alto de la catedral.

Según las creencias, los restos del apóstol Santiago se guardan en una urna en la ...., bajo el .... Detrás del .... mayor, los visitantes pueden besar la estatua del apóstol Santiago, del siglo XIII.

.... ¿ ....

CONTENIDOS

OBJETIVOS COMUNICATIVOS:
- Solicitar y dar información.
- Describir actividades habituales y costumbres culturales.
- Definir personas, lugares, objetos y conceptos.
- Hacer reclamaciones y reaccionar ante las reclamaciones.
- Hacer sugerencias; aceptar o rechazar sugerencias.
- Expresar el modo en que se realiza una acción.
- Felicitar y hacer cumplidos; reaccionar ante un cumplido.

CONTENIDOS LINGÜÍSTICOS:
- Pronombres y adverbios relativos.
- Oraciones de relativo.
- Pretérito perfecto de subjuntivo.
- Verbo *soler* + infinitivo.
- Oraciones modales.
- Oraciones exclamativas.
- Formación de palabras: sufijos (gentilicios, diminutivos y aumentativos).
- Sustantivos contables e incontables.
- Entonación de las exclamaciones.
- Pesos y medidas de capacidad.
- ch/j/x.

LÉXICO:
Alimentos, gastronomía, usos y costumbres culturales, ocio y folclore.

ESTRATEGIAS DE COMUNICACIÓN Y DE APRENDIZAJE:
Reglas del discurso y control de la comunicación oral; entonación y gestos; usos sociales de la lengua; organización y clasificación de la información.

TEXTOS:
Descripción y recetas.

INTERNET:
Programar un fin de semana cultural.

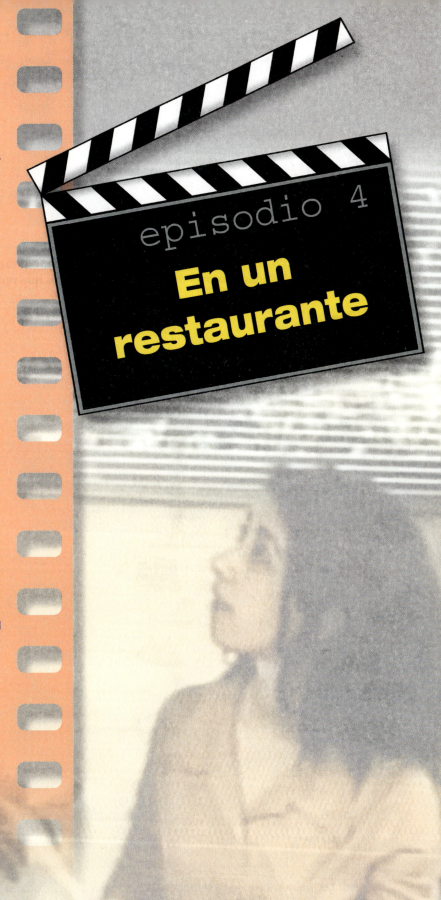

episodio 4

En un restaurante

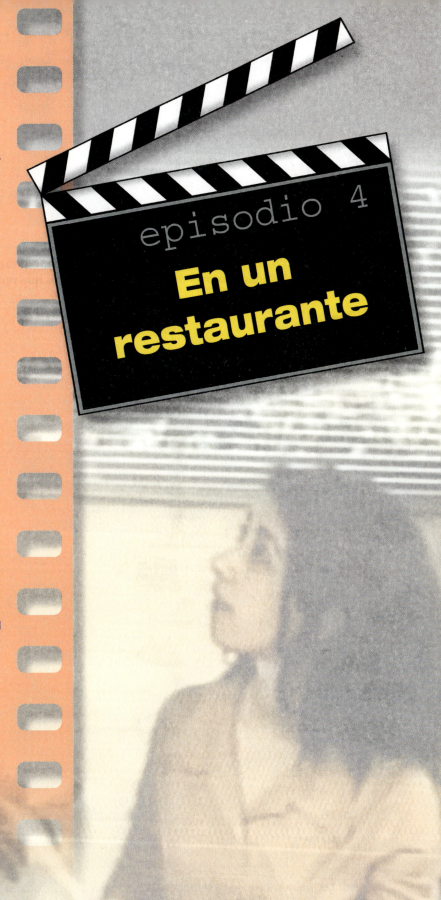

Secuencias d

 A. Prácticas del vídeo

1 **Antes de ver el vídeo:**

a) Observe los dibujos y rellene las etiquetas de los alimentos e instrumentos para cocinar de acuerdo con las clasificaciones. A continuación, escriba todos los nombres de alimentos, bebidas y formas de cocinar los alimentos que recuerde:

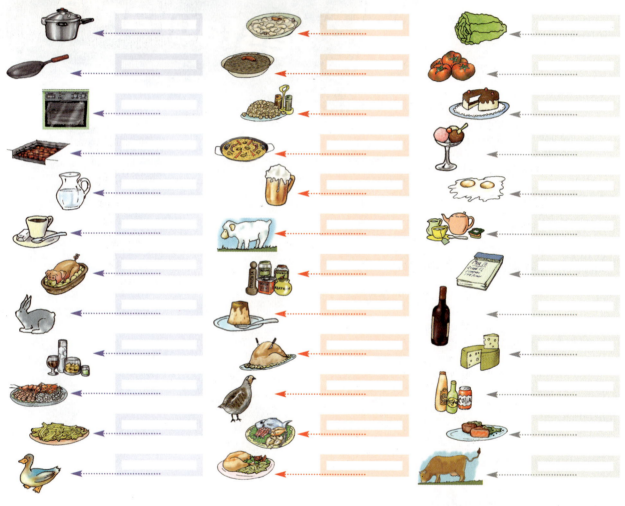

a) Pescado, marisco: ....

b) Carne: ....

c) Aves y caza: ....

d) Legumbres, cereales y verduras: ....

e) Postres: ....

f) Bebidas: ....

g) Condimentos: ....

h) Formas de cocinar: ....

b) **Complete la información sobre las costumbres de su país:**

- Solemos desayunar a las ....

  almorzar/comer a las ....

  cenar a las ....

- Generalmente, tomamos para desayunar ....

  almorzar/comer ....

  cenar ....

- Con la comida y la cena, solemos beber ....

- Después de comer y de cenar, tomamos ....

- A la hora de comer, encima de la mesa siempre hay ....

2 **Sobre el vídeo.**
¿Ha comprendido bien? Señale la respuesta correcta.
Justifique sus respuestas.

	Sí	No	¿?
1. El camarero lee el menú del día.	☐	☐	☐
2. La sangría es una bebida típica del verano.	☐	☐	☐
3. Las tapas son pequeñas porciones de comida.	☐	☐	☐
4. Se llaman tapas porque tapan un vaso.	☐	☐	☐
5. La paella es un plato de carne con arroz.	☐	☐	☐
6. Kerstin suele comer paella en Alemania.	☐	☐	☐

3 Después de ver el vídeo:

a) A partir de la información del vídeo, complete este texto:

En un restaurante español se puede comer a la .... o tomar el .... del día. En España, generalmente, se toman .... platos y el postre, además de la .... y el .... Antes se suele tomar una .... El primer plato suele ser .... o .... y el segundo .... o .... De postre, se puede elegir entre ...., ... y .... Encima de la mesa hay ....

b) En grupos: comenten los horarios y las costumbres gastronómicas de sus países en comparación con los de España y los de otros países hispanoamericanos que conozcan, así como sus experiencias con la cocina española.

B. ¡A ESCENA!

Consulte la transcripción del vídeo del Episodio 4 y la sección de Referencia gramatical (Cuaderno de ejercicios) y anote las expresiones que se usan para:

Por parejas: preparen y representen la siguiente situación:

- Solicitar y dar información gastronómica.
- Describir actividades habituales y culturales.
- Hacer sugerencias y aceptar o rechazar sugerencias.
- Felicitar y hacer cumplidos; reaccionar ante un cumplido.

Estudiante A:
Usted ha invitado a su compañero a comer en un restaurante típico de su país. Sugiera lo que puede tomar de primero, de segundo y de bebida. Describa para ello los ingredientes y añada información sobre las costumbres gastronómicas.

Estudiante B:
Pregunte a su compañero cuáles son los platos y las bebidas típicos que debería probar. Solicite información sobre la gastronomía y exprese su valoración personal sobre lo que le explican.

la vida real

C. Permanezca a la escucha

1 Escuche los diálogos y señale la intención de los hablantes en cada situación:

Intención	A	B	C	D	E	F
Solicitar y dar información gastronómica.						
Hacer reclamaciones.						
Dar definiciones.						
Hacer cumplidos.						
Describir costumbres culturales.						
Hacer sugerencias.						

2 Escuche de nuevo los diálogos y tome notas para preguntar a sus compañeros sobre cómo se expresa:

- la reclamación del cliente: ....
- la descripción de la horchata: ....
- la sugerencia del camarero: ....
- la felicitación de la amiga: ....
- la descripción de la especialidad culinaria: ....

3 Relacione las reacciones con las situaciones que han podido provocarlas. Escriba lo que se puede decir en su idioma en una situación similar.

a) ¡Oiga, camarero! ¿Quiere hacer el favor de atenderme?

1. Perdone señor. Me he confundido.

2. ¡Chin chin! A la salud de…

b) ¿Por qué no vamos a un restaurante italiano donde cantan tangos?

3. ¿De verdad?

c) ¡Qué guapa estás!

4. Un momentito, por favor.

d) ¡Qué bien te sienta el color rojo!

5. Eres un encanto.

6. ¡Mentiroso! Me queda horroroso.

e) Vamos a brindar por…

7. ¡Qué horror!

f) ¡Le he pedido merluza y esto no es merluza!

8. ¡Basta!

A) Pronombres y adverbios relativos

Quien, quienes	Se refiere a personas. No lleva artículo. Puede sustituirse por: artículo + *que*.	**Quien** *quiera bailar debe decirlo. Mi hermano fue* **quien** *(el que) pidió sangría.*
Que	Se refiere a persona, cosa o animal. Es invariable. Si se utiliza con preposición, lleva artículo.	*El camarero* **que** *nos atendió era muy simpático. El pollo* **que** *comimos estaba seco.*
(El/la/los/las) cual/cuales:	Se refiere a personas, animales o cosas. Se utiliza en frases explicativas. Necesita preposición **con/por/en** el cual. Uso escrito.	*Fuimos a un restaurante de la costa,* **en el cual** *comimos un marisco fresco buenísimo.*
Cuyo/a/os/as	Referido a personas, animales y cosas. Establece una relación de posesión. Es de uso culto y propio del lenguaje escrito.	*El restaurante* **cuya** *dueña es andaluza es muy bueno.*
Cuanto/a/os/as	Se refiere a una cantidad. Equivale a "lo que" o "todo lo que".	*Come* **cuanto** *quieras = Todo lo que quieras.*
Donde	Se refiere a un lugar. Equivale a *en el que, en la que, en los que, en las que.*	*La casa* **donde** *viven es muy grande = La casa* **en la que** *viven es muy grande.*
Cuando	Se refiere a un tiempo o momento. Se usa con: *ser* + expresión de tiempo + *cuando.*	*Parece que* **fue ayer cuando** *compramos este hotel.*
Como	Se refiere a la forma o a la manera. Equivale a "de la manera que".	*Cocínalo* **como** *quieras.*

 1 **Forme frases uniendo las columnas A y B.**

A -> **B**

a) La paella es un plato   **que**   **1.** estaba en varios idiomas.
b) El cava es la bebida   **el/la cual**   **2.** encontró en la nevera.
c) Los clientes   **cuyo -a**   **3.** principal ingrediente es el arroz.
d) Mi hermano se comió   **cuyos -as**   **4.** se toma para celebrar algo.
e) El camarero nos trajo la carta   **cuanto -a**   **cuantos -as**   **5.** cenaron aquí son muy famosos.

2 **Complete el texto con el relativo apropiado:** *que, cuales, cuya, donde, cuando.*

Viajando por Cuba se aprecia la belleza de este archipiélago. El área **que** abarca es de 110.920 km², de los .... un 95% corresponden a la isla de Cuba. Fue en 1492 .... Cristóbal Colón desembarcó en la isla de Cuba, a la .... el poeta Nicolás Guillén llamó el largo lagarto verde, pero hasta 1494 no exploró sus costas, llegando hasta Guantánamo.

Cuba ha sido conocida, tradicionalmente, por su producción de azúcar, ron y tabaco. Especialmente, de puros habanos, ... calidad es famosa en el mundo entero. La capital, La Habana, es una ciudad pequeña .... tiene dos millones de habitantes. En ella destaca La Habana Vieja, por la .... se puede pasear con calma para ver los bellos palacios barrocos, las casonas y los monumentos .... conservan el sello de la etapa española, y para degustar los mejores daiquiris del mundo. Miramar es otra zona más moderna, ... se localizan las bellas mansiones coloniales restauradas, ... en la actualidad son las sedes de bancos y embajadas.

Uno de los cubanos más destacados fue el poeta José Martí, ... es el padre de la independencia cubana, ... estatua puede verse en una plaza de La Habana.

 ¿Comida, bebida, establecimiento o actividad? Defina los términos siguientes utilizando un relativo; sus compañeros tratarán de adivinar qué está definiendo:

a) Salsa, merengue y cumbia.
b) *Caipirinha.*
c) Marisquería.
d) *Sushi.*
e) Mesón.
f) Ajedrez.

B) Oraciones de relativo

Las oraciones adjetivas o de relativo, introducidas por pronombres y adverbios de relativo, pueden ir con indicativo (acción constatada, real) o con subjuntivo (acción no constatada):

*Comimos las fresas que **estaban** maduras* (acción constatada ➤ indicativo).
*Comeremos las fresas que **estén** maduras* (no constatada ➤ subjuntivo).

Especificativas: se usan para especificar o seleccionar las características de un grupo o de una parte del antecedente:

- *Los turistas que tomaron una tapa de jamón, después, pidieron una ración.* (Distingue entre los que tomaron una tapa y los que no lo hicieron.)
- *Los restaurantes que no hayan cumplido las normas de sanidad no abrirán el día establecido.*

Explicativas: sirven para explicar o precisar las características del antecedente. Se escriben entre comas. Suelen ir en indicativo porque expresan una información y no una selección como las especificativas, que admiten subjetividad.

- *Los clientes, que bebieron mucha sangría, empezaron a cantar.* (Indica que todos los clientes bebieron sangría.)

Pretérito perfecto de subjuntivo

	HABER	AMAR	COMER	VIVIR
Yo	haya			
Tú/Vos	hayas			
Él/ella/ud.	haya	amado	comido	vivido
Nosotros/as	hayamos			
Vosotros/as	hayáis			
Ellos/as/uds.	hayan			

1 **Forme frases de relativo según el ejemplo y escuche la grabación para corregir sus respuestas.**

Ejemplo: *El nombre científico del árbol del cacao es theobroma cacao. El nombre procede del griego y del azteca. El nombre significa en griego "alimento de los dioses"* = **El nombre científico del árbol del cacao es theobroma cacao, que procede del griego y del azteca, y cuyo significado es "alimento de los dioses".**

a) Cuenta la leyenda azteca que Quetzalcóatl, el dios bondadoso y jardinero del paraíso, regaló a los hombres el árbol del cacao. Este árbol daba fuerzas y curaba enfermedades. Las habas de cacao también se utilizaban como moneda.

b) Los europeos no conocieron el cacao hasta que Hernán Cortés probó, en 1519, el xocolatl. Xocolatl significa "agua amarga". Esta bebida se la ofrecieron los aztecas en la corte de Moctezuma con todos los honores. El sabor de esta bebida no fue apreciado por Cortés.

c) Algunos monjes introdujeron el cacao en España. Estos monjes viajaban en la expedición de Cortés. La popularidad del cacao se debe a que se convirtió en la bebida oficial de la corte española.

d) En el siglo XVII, Luis XIII de Francia se casó con la infanta española Ana de Austria. Ana de Austria tenía la costumbre de tomar chocolate. Su costumbre se introdujo en la corte francesa. El chocolate se solía preparar a la española (muy espeso y mojando pasteles) o a la francesa (muy líquido y mezclado con agua o crema).

e) A finales del siglo XVIII, llegó a las cortes inglesa y alemana la costumbre del chocolate. Se tomaba con leche y azúcar. Su consumo se extendió entre las clases altas.

Lea el texto sobre el chocolate y subraye los relativos. A continuación conteste a las preguntas:

El cacao, soluble o en crema, y el chocolate en forma de tableta, chocolatina o bombón son alimentos que resultan nutritivos y cuyos compuestos son beneficiosos para la salud.

El árbol del cacao o cacaotero, el cual se cultiva en Hispanoamérica, África e Indonesia, sólo puede crecer a 600 metros de altitud y entre los paralelos 21º y 22º. Desde el árbol hasta la mesa, el cacao sufre un cuidadoso proceso de transformación, cuyas fases son: torrefacción, trituración, molienda, mezclado, refinado, conchado y templado, que garantizan la calidad del producto final.

a) Indique el antecedente de cada relativo.
b) ¿Cuál es la información fundamental y cuál es la complementaria?
c) ¿Cómo se indica la información complementaria?
d) ¿Es necesaria la información·complementaria para comprender la frase?

C) Formación de palabras: apreciativos y gentilicios

Apreciativos: expresan una valoración por parte del hablante:

Diminutivos			
Añaden un valor de disminución con un sentido, generalmente, afectivo. Son muy frecuentes en el lenguaje coloquial. Los nombres propios tienen, en contextos familiares, formas afectivas que a veces son diminutivos. Ana→An**ita** Pablo→Pabl**ito**	-ito -ico + -illo	nombre adjetivo adverbio	tapa ➤ tapita bocadillo ➤ bocadillito café ➤ cafecito pan ➤ panecillo caro ➤ carito bajo ➤ (cantar) bajito cerca ➤ cerquita
Aumentativos			
Incorporan un valor de aumentativo. En ocasiones añaden un matiz despreciativo. comil**ón**, tontorr**ón** En otras, tienen un sentido de abundancia o de tendencia a algo. cabez**ota** (muy obstinado)	-ón -azo + -ote	nombre adjetivo	chuleta ➤ chuletón casa ➤ casón dulce ➤ dulzón bueno ➤ buenazo grande ➤ grandote

 Revise la formación de los adjetivos gentilicios de la sección de referencia y, con ayuda de un diccionario, complete el examen de conocimientos culturales:

Personaje	Campo profesional	Nacionalidad	Obra
Juan Mari Arzak	Restaurador (gastr.)		———
Frida Kahlo			
Andy Warhol			*Díptico de Marilyn*
Pedro Almodóvar			
Jules Verne			
Camilo J. Cela		Española	
Antonio Carlos Jobim			
Omar Sharif			
Lord Byron			*Don Juan*
Mario Vargas Llosa			
María Callas		Griega	

Por parejas: elabore una lista de personajes famosos y pregunte a su compañero la nacionalidad, campo profesional y obra por la que han destacado.

Escuche la presentación de las comidas y bebidas que se pueden degustar en una Feria Gastronómica Hispanoamericana y señale los platos. A continuación, escriba el gentilicio correspondiente a cada grupo.

Anote todos los platos que se escriben con *ch* y *j*. Pronúncielos en voz alta.

D) Indicativo y subjuntivo en las oraciones modales

Las oraciones modales expresan el modo o manera como se realiza la acción. Se introducen mediante las conjunciones y locuciones: *como, según, conforme, de manera que, de modo que.* La oración subordinada puede ir en indicativo (según se constate un hecho) o en subjuntivo (si la acción no se ha realizado todavía):

*Explica de manera que nadie le **entiende**.*
(Indicativo. Constata el hecho.)

*Hazlo como **puedas**.*
(Subjuntivo. Todavía no lo ha hecho.)

- ***Como, según** + indicativo*: se refiere al presente o al pasado.
*No tengo mucha idea, así que cocino **como puedo**.*

- ***Como, según** + subjuntivo*: se refiere a una acción en el futuro, no realizada.
*Lo haremos **según** nos **diga** el cocinero.*

- ***Como si, igual que si, lo mismo que si** + imperfecto o pluscuamperfecto de subjuntivo.*
*Come **como si** fueran a quitarle la comida del plato.*

- ***Sin** + infinitivo*: cuando tienen el mismo sujeto.
*Lee **sin prestar** atención.*

- **Gerundio**:
*Llegó **corriendo** una barbaridad.*

1 **Subraye la forma correcta para completar la frase:**

a) Fuimos por la carretera de la costa, como si/como/igual que/nos aconsejaron.

b) Tienes que redactar la carta de manera que/según/como si/las instrucciones que te doy.

c) Siguió comiendo conforme/como si/según no hubiese pasado nada.

d) Puede pagar como/según/igual que/quiera, en efectivo o con tarjeta de crédito.

e) Te estoy explicando lo que pasó de manera que/lo mismo que si/como/me lo contaron.

2 **Sustituya la expresión subrayada por el adverbio correspondiente:**

> **rápidamente • cortésmente • tristemente • estupenda- mente • educadamente • legalmente • magnífica- mente • alocadamente • distraídamente**

a) El niño me miró <u>como si fuera a llorar.</u>

b) Tu hermano conduce <u>como si estuviera loco.</u>

c) Hay que redactar ese contrato <u>conforme a lo que diga la ley.</u>

d) Me agradeció el regalo, <u>como debe ser.</u>

e) El camarero tomaba nota <u>como si estuviera distraído.</u>

3 **Complete las frases con el tiempo y el modo correctos del verbo que está entre paréntesis:**

a) Esta paella está riquísima. Está como nos .... (*gustar*).

b) Podemos hacer la paella de carne o de marisco, como ustedes .... (*preferir*).

c) He hecho la tarta según .... la receta (*explicar*).

d) Haremos los ejercicios según nos .... el profesor mañana (*decir*).

e) ¿Cómo vamos a pasar la tarde? Como a ti te .... (*apetecer*).

f) ¿Cómo vamos a ir a casa? En taxi, como a ti te .... (*gustar*).

g) Podemos ir en avión o en tren, según nos .... (*convenir*).

h) Siempre vamos de vacaciones cuando le .... a mi hija (*ir mejor*).

SE RUEDA

Estas son tres experiencias de su estancia en España que le van a permitir disfrutar de las distintas formas de diversión en su tiempo libre.

a) Guía del ocio

1 **Estudie el índice de la Guía del Ocio y busque el diálogo correspondiente a cada opción:**

a)
- • ¡Qué niños tan guapos! ¿Adónde vais?
- – A una exposición del Museo de Ciencias.
- • ¡Muy bien!

b)
- • ¿Desean tomar algo antes de cenar?
- – Sí. Traiga unas cervecitas y unas tapas, por favor.

c)
- • ¿Vamos al teatro?
- – Tengo que hacer un trabajo sobre Lope de Vega y han estrenado una obra suya, *La dama boba*.
- • ¡Estupendo! Yo compro las entradas.

d)
- • ¿A qué hora son los pases de *Juana la Loca*?
- – A las cinco, a las siete y a las diez.
- • ¿Vamos esta noche?
- – No me apetece mucho, la verdad.

e)
- • Buenas noches. ¿Qué van a beber?
- – Yo quiero una tónica con vodka.
- • Yo no sé qué tomar. Algo sin alcohol.
- – ¿Por qué no pides un San Francisco?

f)
- • ¡Cómo nos divertimos anoche! Después de la película nos fuimos a bailar salsa.

2 **Elija las opciones de la Guía del Ocio que más le interesan y hable con sus compañeros para encontrar aquellos que tienen los mismos intereses y aficiones que usted:**

| Cine • Teatro • Conciertos • Exposiciones • Restaurantes • Ir de copas • Bailar |

3 **Por grupos de interés y aficiones comunes: programen el fin de semana buscando la información en la prensa y en Internet.**

b) ¿Cocina internacional o nacional?

 1 ¿Recuerdan de dónde son las siguientes comidas y bebidas?

Sushi • **Rollitos primavera** • *Crêpes* • *Curry* de pollo • **Costillas y hamburguesas** • *Carpaccio*
Rodizio • **Codillo y** *chucrut* • *Kefta* • **Cordero asado y salsa de menta** • **Cuscús** • *Musaka* • *Blinis*
Tempura • **Cava** • *Vinho do Porto* • **Mojito** • **Sake** • *Caipirinha* • **Vodka** • *Ouzo* • *Chianti*

 2 Un grupo ha decidido ir a tomar unas tapas. Escuche lo que piden los clientes y corrija la nota del camarero.

TAPASBAR PARADIS · RESTAURANT

· Fino de Sanlúcar de Barrameda
· Platillo de aceitunas

Cena Degustación
Para 2 personas

Croquetas de Jamón

Langostinos de Sanlúcar a la Sal

Fritura Andaluza

Ensalada de Caballa

Jamón, Queso y Almendras fritos

Helado de leche merengada

Precio por persona 14,96 €
iva no incluido

MESA 12
Tapas:
6 tigres, 3 callos
3 pa amb tomaca, 1 jamón
Raciones:
1 rusa, 1 anchoas
Sangría
2 cañas

MESA 3
1 degustación x 2

 3 Escuche los comentarios y anote las palabras clave para adivinar el restaurante en el que han estado:

Café & Ristorante VERONNA
Génova, 11 - Madrid. Metro Alonso Martínez
VERONNA
Una noche mágica...
Un show inolvidable
¡Vive la fiesta!
Reservas en el Tel.: 91 310 .. 48

El Rodizio
Las Mejores
Carnes De Madrid
En Grandes Espadas
¡ MÚSICA EN VIVO
CAIPIRINHAS Y FIESTA

sushi ya!
www.telesushi.com
A DOMICILIO Y CATERING
91 559 29 03 - 902 23 13 23

GUIPÚZCOA
Bonita Terraza rodeada de Jardines
· Sidrería y auténtica cocina vasca
· Tortilla de Bacalao
· Sardinas a la parrilla
Av. Portugal s/n. Casa de Campo
Tel: 91 470 04 21

Gambrinus
Fleming
Cervecería
Restaurante
Especialidad en
tapas, raciones
y tostas
COCINA ESPAÑOLA
C/ Doctor Fleming, 31 Tlfn.: 91 350 32 12

El Viejo León
RESTAURANT FRANÇAIS
ESPECIALIDADES:
- Steak Tartar
- Tarrina de Foie Gras de Pato
Realice su pedido por teléfono y en
15 Min. lo preparamos para llevar
Alfonso X Nº 6 (Semiesquina Eduardo Dato)
Tels.: 91 310 06 83 - 91 310 26 11

a) _____

b) _____

c) _____

d) _____

1 **En grupos de cuatro: estudien los anuncios del ejercicio anterior y elijan el restaurante más adecuado para las siguientes situaciones:**

- Cena de fin de curso.
- Celebración de un cumpleaños.
- Almuerzo de negocios.

- Cena romántica.
- Comida informal con un amigo.
- Cena exótica sorpresa.

2  **En grupos de 3-4 estudiantes. Han decidido ir a este restaurante; preparen la siguiente situación comunicativa para representarla. También pueden grabarla.**

Estudiante A:

Usted es el camarero y tiene que:
- Saludar y presentar el menú.
- Explicar la composición de los platos.
- Sugerir las especialidades de la casa.
- Tomar nota de la comanda.
- Atender a los clientes.
- Atender las reclamaciones.

Estudiante B:

Ustedes son los clientes y tienen que:
- Saludar al camarero.
- Estudiar el menú.
- Solicitar explicaciones sobre los platos.
- Pedir los platos que van a tomar.
- Solicitar servicios al camarero (agua, pan, sal, etc.).
- Exponer quejas al camarero (la carne está cruda, el agua está caliente).
- Expresar con gestos las siguientes impresiones: ¡Qué calor hace aquí! ¡Qué caro es este restaurante! ¡Es un plato exquisito! ¡Cómo quema! ¡Qué postre tan rico!
- Pedir la cuenta. Indicar que hay un error en la cuenta.
- Despedirse.

3 **Después de cenar, han decidido ir a escuchar música latinoamericana y a bailar:**

♥ La salsa es una danza de origen latinoamericano en la que confluyen las tradiciones de América central y meridional, ya que se baila tanto en Venezuela y Colombia, como en Panamá, Puerto Rico o Cuba. Este ritmo nació en Cuba, a principios del siglo XX. En esa época se llamaba son y era más lento y elegante que la rumba. A partir de los años veinte, comenzó a llamarse salsa.

♥ La salsa concede una libertad que otras danzas no permiten. Es una música muy rápida.

♥ Hay que bailarla con vestidos sugerentes y de colores alegres. Para las mujeres, faldas cortas o larga con abertura lateral; zapatos de tacón fino, de 6 cms de altura. Los hombres deben vestir ropa cómoda y de colores vivos.

♥ Los pasos: la pareja empieza entrelazada. El hombre toma con su mano izquierda la mano derecha de la mujer. La mano derecha del hombre se apoya entre el omóplato izquierdo de la mujer y la cintura; la mano izquierda de ella se apoya entre el brazo derecho y el hombro de él. En esta posición se inicia la secuencia de los pasos base. Después, sólo hay que seguir el ritmo.

♥ ¿Preparados?

Multimedia

 ## TAREAS EN INTERNET

Archivo   Edición   Ver   Favoritos   Herramientas   Ayuda

Atrás   Adelante   Detener   Actualizar   Inicio   Búsqueda   Favoritos   Correo   Imprimir

Dirección   http://www.museoprado.mcu.es   Ir a

Situación: programar un fin de semana cultural.

¿Sabía que...? Internet le ofrece un amplio abanico de recursos para actualizar sus conocimientos sobre sus intereses y aficiones.

Tarea: buscar información y sugerencias en relación con las aficiones personales.

Si usted está interesado en el arte, teclee http://museoprado.mcu.es   http://www.guggenheim.org/ http://goya.unizar.es   http://www.tamu.edu/mocl/picasso   http://museoreinasofia.mcu.es/

Si usted está interesado en el cine, teclee http://www.claqueta.com/

Si le interesa la lectura, teclee http://www.loslibros.com

Si le interesa la música y los bailes, teclee http://www.espanol.com/ http://www.pingui.com/personales/asola

Si le interesa la gastronomía, teclee http://www.terra.es y seleccione el enlace Gastronomía.

Internet

TAREAS CON EL CD ROM

1. **Antes de consultar el CD anote lo que sabe sobre:**
   a) Obras literarias famosas que hayan sido adaptadas al cine.
   b) ¿Qué autores cree que han sido llevados a la pantalla con más frecuencia?

2. **Consulte el CD y conteste verdadero o falso:**   V   F

Sobre la relación entre la literatura y el cine en español:
   a) Se han hecho pocas películas basadas en obras literarias en español. ☐ ☐
   b) El teatro es el género literario más fácil de adaptar. ☐ ☐
   c) Se han hecho una veintena de versiones de *D. Quijote de la Mancha*. ☐ ☐

Sobre las obras y escritores adaptados:
   a) La adaptación del lenguaje literario al cinematográfico es difícil. ☐ ☐
   b) En algunos casos, sólo se toman algunas situaciones del texto original. ☐ ☐
   c) Los autores exigen escribir los guiones de la adaptación de su obra. ☐ ☐
   d) La adaptación de las obras clásicas garantiza el éxito de la película. ☐ ☐

3. **Después de consultar el CD, conteste a las siguientes preguntas:**
   a) Trate de establecer una lista por países con las principales obras literarias adaptadas de Latinoamérica.
   b) ¿Qué elementos están más presentes en los títulos de las películas?
   c) ¿Qué sugieren esos títulos? Trate de escribir un breve argumento para una de esas películas. Sus compañeros adivinarán de cuál se trata.

DEBATE EN GRUPO: ¿Qué prefieren, imaginar leyendo una obra literaria o ver en película la adaptación de esa obra? ¿Alguna vez, después de ver una película, han decidido leer la obra para comparar las versiones?

ARCHIVO DE PALABRAS

1 Complete el texto con las palabras del recuadro:

1. almuerzo
2. aperitivo
3. cenan
4. propina
5. siesta
6. almuerzan
7. tentempié
8. cena
9. costumbres
10. que aproveche

En los países de habla hispana, los horarios de las comidas responden a .... diferentes. En Argentina, Chile y Perú, por ejemplo, ... a partir de las doce del mediodía y .... entre las nueve y las doce de la noche. En México, suelen almorzar entre la una y las tres y cenar a partir de las nueve. En España, se suele comer y cenar más tarde. La comida o .... suele ser entre las dos y las cuatro y la .... a partir de las nueve. En las zonas turísticas, el horario es más amplio: desde la una hasta las cuatro y desde las ocho hasta las doce.

Antes de comer se suele tomar un ...., que consiste en una bebida (cerveza, vino, vermut o bebida sin alcohol) acompañada de una tapa, pincho, ... o ración de queso, jamón, tortilla, pescado, etc.

En los bares y restaurantes, se suele dejar ...., generalmente un 10% o una cantidad en relación con la consumición. Por ejemplo, en Cuba, lo correcto es dejar entre dos y cinco dólares.

Cuando se está comiendo y se acerca una persona conocida se suele decir: ¿Usted gusta?, o ¿gustas?, y la otra persona contesta: ¡..........!

Otra costumbre muy arraigada, que además es saludable, consiste en dormir la .... después de comer.

2 Estudie el menú de Se Rueda (c.2) para buscar ejemplos de las descripciones siguientes:

Descripciones	Ejemplos
a) Plato típico de Andalucía que se toma frío.	
b) Producto del mar que se fríe en aceite.	
c) Plato típico español que se hace con huevos y patatas.	
d) Primer plato que no contiene verdura.	
e) Plato que se hace con arroz y diversos ingredientes.	
f) Bebida que se toma fría pero sin hielo.	
g) Postre que se toma con cuchillo y tenedor.	

3

a) Escuche el poema y marque la entonación exclamativa:

b) Es un poema de Pablo Neruda dedicado a un alimento. Trate de adivinar a qué se refiere. ¿Qué palabras le parecen más importantes para determinar el tema?

Honrada eres
como
una mano
que trabaja en la tierra,
familiar
eres
como
una gallina,
compacta como un queso
que la tierra elabora
en sus ubres
nutricias,
enemiga del hambre,
en todas las naciones
se enterró su bandera
vencedora
y pronto allí,
en el frío o en la costa
quemada,
apareció
tu flor
anónima
enunciando la espesa
y suave
natalidad de tus raíces.

Universal delicia,
no esperabas
mi canto,
porque eres sorda
y ciega
y enterrada.
Apenas
si hablas en el infierno
del aceite
o cantas
en las freiduras
de los puertos,
cerca de las guitarras,
silenciosa,
harina de la noche
subterránea,
tesoro interminable
de los pueblos.

Oda a la _____,
de Pablo Neruda, en
Odas elementales

CONTENIDOS

OBJETIVOS COMUNICATIVOS:
- Iniciar y mantener una conversación telefónica.
- Formular hipótesis.
- Expresar dudas y reservas.
- Hablar de probabilidades.
- Relacionar información mediante la expresión de finalidad.
- Pedir y dar aclaraciones.
- Manifestar que se ha entendido una explicación.
- Exponer deseos y necesidades.
- Describir una vivienda y su mobiliario.

CONTENIDOS LINGÜÍSTICOS:
- Oraciones condicionales (II).
- Futuro perfecto y condicional compuesto de indicativo.
- Usos del indicativo y del subjuntivo (descripción, probabilidad y duda).
- Pretérito pluscuamperfecto de subjuntivo.
- Oraciones finales.
- *Cuanto más/menos.*
- Preposiciones y locuciones prepositivas de lugar (repaso).
- Derivación: *-azo/aza.*
- Abreviaturas.
- Medidas de superficie y de longitud.
- y/ll.

LÉXICO:
Vivienda (habitaciones, muebles, objetos), colores, formas, medidas de longitud, datos personales y postales.

ESTRATEGIAS DE COMUNICACIÓN Y DE APRENDIZAJE:
Pedir aclaraciones; uso del teléfono; respeto de turnos; orden en la descripción de espacios y objetos.

TEXTOS:
Descripción, anuncios de prensa, contratos de compraventa de inmuebles.

INTERNET:
Viaje por la historia de España a través de sus castillos y del turismo rural.

episodio 5
Los problemas de la vivienda

A. Prácticas del vídeo

 Antes de ver el vídeo:

a) Observe el dibujo y señale los tipos de vivienda según su localización (ciudad, campo urbanizado o zonas rurales).

Chalé • Piso • Rascacielos • Apartamento

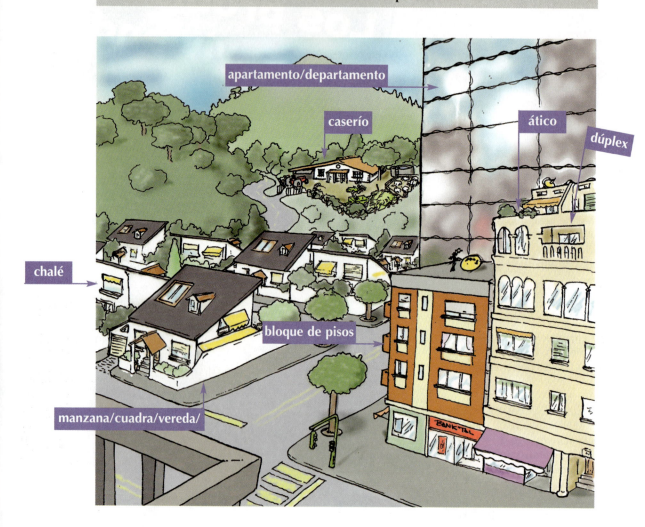

apartamento/departamento

caserío

ático

dúplex

chalé

bloque de pisos

manzana/cuadra/vereda/

b) Con ayuda de un diccionario, defina los siguientes tipos de construcción:

Alcázar	Castillo	Mansión
Apartamento	Chalé	Masía
Ático	Cortijo	Pazo
Barraca	Dúplex	Piso
Caserío	Estudio	Rascacielos

c) ¿Qué significan las abreviaturas y símbolos siguientes?

c/ ....

n.º ....

pl. ....

3ª ....

L-C ....

avda. ....

izda. ....

tel. ....

p.º ....

coch. ....

CP ....

dcha. ....

@ ....

3 bñ ....

Federico Pérez Vila
Rosa López Santamaría

c/ Joaquín Costa, 12 - 2º Izda.
28010 Madrid   Tel.: 91 305 45 37

A•v•e•t•e•x

Susana Rodríguez Prendes
Técnico Comercial

Tel./Fax: 91 751 35 40
e-mail: avetex@avetex.es

Pº de la Estación nº 123 - Local Comercial 3
28022 Madrid

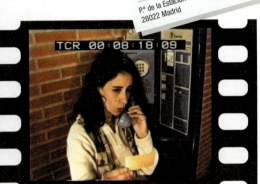

TCR 00:08:18:09

TCR 00:08:33:05

TCR 00:09:35:19

2 Sobre el vídeo.
¿Ha comprendido bien? Señale la respuesta correcta.
Justifique sus respuestas.

	Sí	No	¿?
1. Fernando es el marido de Carmen.	☐	☐	☐
2. Kerstin llama porque no tiene la dirección de Carmen y Fernando.	☐	☐	☐
3. Carmen vive en la calle Pintores, número 6, planta 8ª izquierda.	☐	☐	☐
4. Carmen y Fernando necesitan una casa más grande.	☐	☐	☐
5. A Carmen le ha tocado la lotería.	☐	☐	☐
6. Es probable que se compren una casa con piscina.	☐	☐	☐

3 **Después de ver el vídeo:**

a) Señale una posible respuesta para cada una de las situaciones.

- Usted está relativamente seguro de que Carmen y su marido van a cambiar de casa.
  - bastante
  - muy
  - absolutamente

- Ellos necesitan otra casa porque van a tener un hijo.
  - porque vienen sus padres a vivir con ellos.
  - por prestigio social.
  - porque necesitan cambiar algo en sus vidas.

- Kerstin cree que Carmen y Fernando van a comprar una casa de vacaciones.
  - un chalé con piscina.
  - un estudio.
  - un piso.

b) Debate en grupo.

De acuerdo con un reciente informe, España es el país de la Unión Europea con más pisos en propiedad: aproximadamente el 86% del total de edificios son en régimen de propiedad. ¿Cuál es la tendencia general en su país: comprar o alquilar una vivienda? Expongan sus argumentos a favor y en contra de la compra o del alquiler de una vivienda.

B. ¡A ESCENA!

Consulte la transcripción del vídeo y la sección de Referencia gramatical (Cuaderno de ejercicios) y anote las expresiones que se usan para:

- Iniciar y mantener una conversación telefónica.
- Pedir y dar aclaraciones sobre una dirección.
- Manifestar que se ha entendido una explicación.
- Exponer deseos y necesidades.
- Describir una vivienda.

Preparen la siguiente situación:

Estudiante A:
Usted llama por teléfono a un amigo para comunicarle que va a ir a estudiar a la ciudad donde él vive y que quiere hacerle una visita. Durante la misma, le dice que quiere alquilar un piso. Describa la vivienda que necesita.

Estudiante B:
Invite a su amigo a ir a visitarle e infórmele sobre los tipos de vivienda. También puede ofrecerle compartir el piso.

C. Permanezca a la escucha

Escuche la conversación telefónica y señale los pisos que ofrece el agente inmobiliario al cliente.

Inmobiliaria Inmobilia

C/ Manila, 102
bajo izda.

M/1145 euros

140 m²; S-M

2 D; 2 B
jardín/amueblado

Inmobiliaria Inmobilia

Plaza de Varadero, 8
3° dcha.

M/1330 euros

145 m²; S-M

3 Dorm; 2 B
parking y piscina

Inmobiliaria Capital

Paseo de Gracia, 15
5° A

M/1100 euros

135 m²; S-M

3 D.; 2 b.
aparcamiento/jardín

Inmobiliaria Capital

Santa Engracia, 4
2° C

M/650 euros

120 m²

salón, comedor
2 dorm.; 1 b + aseo

Escuche de nuevo la conversación, anotando las necesidades del cliente y el piso que ha elegido para visitar.

Necesidades del cliente	Oferta de la agencia
• Alquiler/compra:	Nuevo/antiguo
• Chalé/apartamento/piso:	Piso
• Situación:	Metros
• N.° de habitaciones:	Dormitorios
• N.° de baños:	Baños
• Garaje/piscina/jardín:	Terrazas
• Condiciones económicas:	Mensualidad
	Dirección

¿Dónde se vive con más frecuencia en su país, en la ciudad o en el campo? ¿Cuál es el ideal de vivienda en su país? Compárelo con los ideales posibles de los españoles.

A) Indicativo y subjuntivo en oraciones subordinadas sustantivas

Verbos de sentimiento y voluntad: • *Gustar, molestar, dudar, cansarse de, alegrarse de, tener miedo de...* • *Querer, desear, pedir, ordenar, aconsejar, recomendar, intentar...*	Con el mismo sujeto, el verbo subordinado va en **infinitivo**.	*Me molesta **tener** tan poco tiempo para limpiar la casa.* ***Quiero comprar** una casa en el centro.*
	Con distintos sujetos, el verbo subordinado irá en **subjuntivo**.	*Me molesta **que** no te **preocupe** el estado de la casa. Eres un egoísta.* *Te aconsejo que **compres** en las afueras.*
Verbos de comunicación y pensamiento: • *Decir, contar, explicar, contestar...* • *Pensar, creer, opinar, imaginar...*	Con el verbo principal afirmativo, el subordinado va en indicativo.	***Dicen** que la vivienda **subirá** entre un 10% y un 12% este año.*
	Con el verbo principal negativo, el subordinado va en subjuntivo.	***No dicen** nada que **pueda** servirnos de ayuda.*
Es necesario que ***Es recomendable que*** ***Es aconsejable que*** + subj. ***Es mejor que*** ***Es lógico que***	Cuando el verbo principal emite un juicio de valor, el verbo subordinado va en subjuntivo.	*Es necesario que **cambies** de piso.* *Es recomendable que **vayas** a la reunión.* *Es aconsejable que lo **vendas** rápido.* *Es mejor que no **vengas** a casa en un tiempo.* *Es lógico que **te guste** esta casa.*

1 **Complete los diálogos con los verbos de la lista. Justifique su elección.**

Poder • Llamar • Olvidarse • Dejar • Comprar • Ser • Hacer • Estar • Invertir

a) • No sé muy bien qué debo ....
   - No sé, María. Es una situación difícil. Yo te sugiero que .... de él lo antes posible.

b) • Tengo una cita a las 11:00 y ya llego tarde.
   - Lo mejor es que .... a un taxi.

c) • ¿Tú crees que es normal que me .... un mensaje en el contestador para disculparse?
   - No sé, mujer, creo que .... intentando ser amable. Tampoco es para ponerse así.

d) • No sé cuáles son sus planes, pero sería aconsejable que .... parte de sus ahorros en la compra de una vivienda.
   - Puede ser, pero no creo que .... nada por el momento. Tal vez un coche o algo así.

e) • Nunca pensé que Marta .... publicar una novela tan larga y extraña.
   - ¿Ah, no? Pues yo considero que .... muy superior a muchas otras ya publicadas.

2 **¿Qué tipo de vivienda necesitan?**
Escuche y anote las necesidades de cada persona. A continuación, estudie los anuncios de venta y alquiler inmobiliario para encontrar la solución más conveniente para cada uno.

1

AVELLANEDA
villa dominico

2 amb., 65 m²,
$ 3.200, tipo casa,
sin expensas, cocina,
baño y lavadero a
nuevo, techo de tejas
francesas, urgente.

Tel.: 0-600-111-6909
Ciudad: Buenos Aires.

2

LAVAPIÉS, zona. Piso
con ascensor, 135 m², 4
dorm, salón-comedor 30 m²,
cocina amueblada y equipada, 2 baños (1 en suite),
recibidor, armarios empotra-
dos, suelos mármol, terraza
acristalada, calefacción, aire,
posible parking.
AGENDA INMOBILIARIA
Precio: 234.395,00 Eur.
agenda@inmovisa.com

Teléfono: 915 75 57 50.
Ciudad: Madrid.

3

SAN CRISTÓBAL

Cochabamba al 2900,
2 amb., 47 m², $ 32.000, con
teléfono, buena ubicación, 1
cuadra de Av. San Juan, sub.,
balcón, lavadero, con expensas
incluidas.

Tel.: 0-600-111-6909
Ciudad: Buenos Aires.

4

ALCOBENDAS
junto centro empresarial La Moraleja,

chalé adosado de 350 m², 9 dormitorios, 4 baños,
gran salón, cocina de 40 m², office, completa-
mente amueblado, gas natural, amplio garaje,
tenis y piscina comunitarios, ideal despachos o
vivienda.

Precio: 2.500,00 Eur.
Telf.: 606 42 81 81 Ref.: 28506745.
Provincia: MADRID.

5

ALBACETE, calle. Apartamento bien amueblado, 2 hab,
baño completo, cocina independiente reformada, balcón
amplio, piscina, garaje. Vistas
campus universitario. TORRES
4, SERV. INMOBILIARIOS. Ref.-
13.6.

Precio: 511,00 Eur.

Teléfono: 967 88 70 42.

Provincia: VALENCIA.

	Tipo de Vivienda	Alquilar/ comprar	N.º dormitorios	Otros detalles
a) Estudiante extranjero busca				
b) Diplomático necesita				
c) Urge				
d) Necesito				
e) Urgente				

B) Expresar condiciones (II)

Pluscuamperfecto de subjuntivo

	HABER	AMAR	COMER	VIVIR
Yo	hubi**era/ese**			
Tú/Vos	hubi**eras/eses**			
Él/Ella/Ud.	hubi**era/ese**	amado	comido	vivido
Nosotros/as	hubi**éramos/ésemos**			
Vosotros/as	hubi**erais/eseis**			
Ellos/as/Uds.	hubi**eran/esen**			

Si + pluscuamperfecto de subjuntivo + condicional compuesto.	Realización imposible: acción no realizada en el pasado.	- *Si* **hubiéramos comprado** un chalé hace años, ya lo **habríamos pagado**. - *Si le* **hubiera tocado** la quiniela de fútbol, **habría dejado** de trabajar.
Si + pluscuamperfecto de subjuntivo + condicional simple.	Realización imposible: acción pasada y concluida, y su relación con el presente.	- *Si* **hubiéramos ahorrado** (en el pasado), **podríamos** viajar (ahora). - *Si* **hubieses escuchado** la radio (antes), **sabrías** la noticia (ahora).

Condicional compuesto

	HABER	AMAR	COMER	VIVIR
Yo	habría			
Tú/Vos	habrías			
Él/Ella/Ud.	habría	amado	comido	vivido
Nosotros/as	habríamos			
Vosotros/as	habríais			
Ellos/as/Uds.	habrían			

- Expresa una acción futura y acabada, con relación a acciones pasadas:

Me dijiste que **habrías terminado** *a las diez.*

- Expresa probabilidad en el pasado (indica que la acción no se ha producido, pero podía haberse producido en otras circunstancias):

Si lo hubiera sabido, **habría comprado** *la casa antes.*

1 **Complete las frases siguientes con el tiempo y modo verbales apropiados:**

a) Si .... (vosotros, *querer*), habríais ido de compras.

b) Si no hubieseis llegado tan tarde, ... (*cenar*) todos juntos.

c) Si te .... (*reservar*) el piso, ¿lo comprarías?

d) Si no .... (yo, *gastar*) el dinero en regalos, ... (*poder*) ir de vacaciones.

e) Si no .... (*perder*) los billetes, ... (*coger*) el avión.

2 **Repase todos los tipos de oraciones condicionales y termine las frases siguientes:**

a) Si te llamo por teléfono, ¿........................ a la fiesta *(venir)*?

b) Si te nombraran directora general, lo .... *(celebrar)* con tus compañeros de despacho, ¿no?

c) Si le hubieran puesto su nombre a una calle de su ciudad, ... *(estar presumiendo)* de ello.

d) Si me llaman de la inmobiliaria, ... *(coger)* el recado y .... *(dejar)* una nota en mi mesa.

e) Podríamos ir a la playa a condición de que .... *(ir)* los dos en tu coche.

f) Te he dejado comida en la nevera en caso de que .... *(llegar)* tarde a cenar.

g) Si no le hubiese conocido, no .... *(casarse)*, al menos este año.

3 **Conteste personalmente: ¿qué hubiera hecho en estas circunstancias?**

a) Si no hubiera estudiado español, ...

b) Si hubiese nacido en otro país, ...

c) Si le presentaran al hombre/mujer de sus sueños, ...

d) Si le hubiera tocado un apartamento en Tenerife en un concurso televisivo, ...

e) Si hubiese vivido en la Edad Media, ...

f) Si su marido/mujer/novio/a se va de casa, ...

g) Si le propusieran gobernar su país, ...

C) Expresar duda y probabilidad

Tal vez / quizá(s) + subjuntivo. **Es probable / puede ser que + subj.** **A lo mejor + indicativo** **Deber de + infinitivo**	Expresa una probabilidad genérica.	**Tal vez me vaya** a Cancún en julio. **Puede ser que me compre** un piso. **A lo mejor abren** otro restaurante. **Deben de venir** en avión.
Futuro imperfecto	El hablante expresa una posibilidad que afecta al presente.	• ¿Por qué está de mal humor? - **Será** que tiene un mal día.
Futuro perfecto, condicional simple	El hablante expresa una posibilidad que afecta al pasado.	• ¿Por qué no vino ayer? - **Habrá estado** enfermo. ♦ **Estaría** enfermo y no podría levantarse.

RECUERDE Si el adverbio va detrás del verbo, hay que poner el indicativo:
Han llegado tarde, quizás.

Futuro perfecto de indicativo				
	HABER	CANTAR	COMER	VIVIR
Yo	habré			
Tú/Vos	habrás			
Él/Ella/Ud.	habrá	cantado	comido	vivido
Nosotros/as	habremos			
Vosotros/as	habréis			
Ellos/as/Uds.	habrán			

USO > El futuro perfecto expresa posibilidad (*Habrá salido a la calle*) o una acción futura anterior a otra futura (*Cuando llegue, habré terminado de trabajar*).

1 **Escuche los siguientes comentarios e indique el grado de probabilidad:**

	Muy probable	Probable	Poco probable
a)	☐	☐	☐
b)	☐	☐	☐
c)	☐	☐	☐
d)	☐	☐	☐
e)	☐	☐	☐
f)	☐	☐	☐

2 **¿Qué probabilidades cree que hay de que se cumplan las siguientes predicciones?:**

a) Se va a descubrir una vacuna universal contra todas las enfermedades.

b) Dejará de existir el dinero en metálico. Sólo usaremos tarjetas de plástico.

c) Se va a descubrir una fuente de energía no contaminante y gratis para todos.

d) El español va a ser la lengua internacional más hablada en el mundo.

e) El transporte del futuro volverá a ser de tracción animal.

D) Iniciar y mantener una conversación telefónica

1 **Indique las funciones de las siguientes fórmulas:**

a) ¿Podría hablar con...?
¿Puedo hablar con...,
por favor?
¿Está...?
¿Me pone con...?

b) Adiós, muchas gracias.
De acuerdo. Hasta la vista.
Un abrazo.
Un beso.

c) ¿Dígame? ¿Diga?
¿Sí?
¿Hola?
¿Aló? (Hispanoamérica)
Caja de Madrid, buenos
días.
Este es el contestador
automático de...

d) ¡Hola! Soy Pilar.
Soy Pilar Jiménez.
Le llamo del Banco Industrial.
Soy una alumna de segundo de
Arte.

e) Sí, soy yo.
Un momentito. Ahora
se pone.
¿De parte de quién?
Le pongo.
Lo siento. Ha salido.
Aquí no es. Se ha
equivocado.

f) Perdone.
Disculpe. Me he equivocado.

g) Le llamo en relación con...
Quisiera hablar con usted sobre...
Me gustaría discutir/comentar/visitar

Funciones:

1. Contestar el teléfono.
2. Identificarse.
3. Preguntar por alguien.
4. Explicar el objeto de la llamada.
5. Responder.
6. Disculparse.
7. Despedirse.

2 **Por parejas: preparen la conversación telefónica entre un cliente y el agente de la inmobiliaria.**

Estudiante A:
Escriba una nota indicando las características del piso que necesita.

Estudiante B:
Escriba tres fichas con posibles ofertas para su cliente: características del piso, localización, mensualidad, etcétera.

E) Expresión de la finalidad

Para + infinitivo **A fin de** (mismo sujeto)	Expresa la finalidad o el propósito de una acción.	*Voy a llamar al abogado **para consultarle** lo del contrato.* *Tenemos que hablar **a fin de dejar** esto claro.*
Para que **A fin de que** + subjuntivo **A que**	Expresa la finalidad cuando la acción la ejecutan sujetos diferentes.	*Vamos a ir al abogado **para que nos explique** el contrato.* *Tengo que llevar un cheque **a fin de que me reserven** el piso.*
Para cuando + subjuntivo	Expresa proyectos de futuro.	*Estamos viendo casas **para cuando tengamos** dinero.*

1 **Relacione las dos partes de cada frase:**

a) Iré a una inmobiliaria a fin de que...
b) Ayer te llamé por teléfono con la intención de...
c) Tengo que ir al banco para...
d) Me levantaré temprano con el objeto de...
e) Empecé a estudiar español para...

1. domiciliar el pago de la luz y el gas.
2. poder leer literatura hispanoamericana.
3. repasar el examen.
4. me informen sobre pisos en alquiler.
5. invitarte a cenar.

2 **Formule las preguntas correspondientes a las respuestas:**

a) .... Para comprar algunos muebles.

b) .... Con el objeto de que me revisaran el coche.

c) .... Para que no me suspendan.

d) .... A fin de que me prestaras los apuntes para el examen.

e) .... Para cuando las ranas críen pelo.

3 **Por parejas: preparen el diálogo entre un alto directivo y su ayudante personal.**

Estudiante A:
No recuerda la finalidad de las anotaciones de su agenda. Pregunte a su compañero para qué tiene que ir a esas citas.

Estudiante B:
Usted es el ayudante personal del alumno A. Recuérdele la finalidad de las citas.

SE RUEDA

Por razones laborales o de estudios, van a vivir un año en un país hispanohablante y tienen que tomar varias decisiones.
Primera decisión: ¿Residencia universitaria, familia, alquilar un piso o una habitación?

a) Eligiendo la vivienda real

1 **En grupos: comenten las ventajas e inconvenientes de las siguientes situaciones y anoten la decisión que prefieren:**

	VENTAJAS	INCONVENIENTES
• Vivir en una residencia universitaria.		
• Vivir con una familia.		
• Alquilar un piso con varias personas.		
• Alquilar un piso solo.		
• Vivir en el centro de la ciudad.		
• Vivir en un pueblo cerca de la ciudad.		

¿DECISIÓN?:...

2 **De acuerdo con la decisión que hayan tomado, se forman los siguientes grupos:**

a) Por parejas: dudan entre vivir en una residencia universitaria o con una familia. Deben llamar por teléfono para pedir información y tomar la decisión más ventajosa.

RESIDENCIA UNIVERSITAS
Curso completo y trimestres.
A 300 metros del Campus Universitario.
Habitaciones dobles e individuales.
Teléfono: 91 320 50 60

ALQUILO HABITACIÓN
Sólo estudiantes.
Vivienda unifamiliar, próxima ciudad.
Habitación individual o compartida.
Ambiente familiar. Comida española.
Tfn.: 91 854 22 55

Estudiante A:
Usted llama por teléfono para informarse sobre las características de la habitación, el precio, los servicios que incluye, instalaciones, situación exacta, comunicaciones, etc.

Estudiante B:
Usted es el recepcionista de la residencia universitaria o el propietario/a de la vivienda unifamiliar. Debe proporcionar la información que le solicitan.

RECUERDE

Recuerden los turnos de palabra:

1. Saludar e identificarse.
2. Comunicar el objeto de la llamada.
3. Dar información.
4. Solicitar aclaraciones.
5. Dar detalles.
6. Despedirse.

¿DECISIÓN?

....

....

b) Por parejas o en grupos de tres: han decidido alquilar un apartamento. Estudien los anuncios y elijan el más conveniente. Pueden llamar por teléfono o ir a la agencia inmobiliaria para pedir información.

VERDI/ASTURIAS, zona

Piso 70 m². 3 dormitorios, comedor, cocina equipada, baño completo. Amueblado. Ascensor y electrodomésticos. Enseres. Junto Metro.
451 euros (Barcelona)

Psge. Espiria, Zona. Piso ático con terraza. 3 dormitorios, comedor, cocina equipada, baño completo. Sin amueblar. Ascensor. Fianza y mes.
481 euros. (Barcelona)

Valencia, Calle. Piso 80 m², 4 dormitorios, comedor, cocina equipada, baño completo. Amueblado. Ascensor. Gastos incluidos.
451 euros (Barcelona)

Mallorca/Meridiana, Zona Villa Olímpica. Piso 90 m². 4 dormitorios, comedor, cocina equipada, baño completo. Amueblado. Ascensor. Terraza.
451 euros. (Barcelona)

Estudiante A:
Usted es el agente inmobiliario y debe contestar todas las preguntas de sus "clientes".

Estudiante B y C:
Soliciten información detallada sobre las características y condiciones económicas del piso y de la zona, firma del contrato, etc.

b) ¡Vamos a alquilar piso!

Al cabo de dos meses, han decidido alquilar un piso o chalé.

1 **Escriba el nombre de las partes de una casa. ¿Qué tipo de vivienda son? Consulte la lista de la página 84.**

A

B

C

D

2 **Escuche y numere las viviendas según el orden en que se describen. A continuación decidan cuál de las cuatro viviendas es mejor para sus necesidades.**

3 Han decidido alquilar una de esas viviendas y tienen que firmar el contrato de arrendamiento.

a) Señale en el contrato de arrendamiento los siguientes espacios:

1. Firma del dueño del piso.
2. Datos del piso que se alquila.
3. Firma de la persona que alquila el piso al propietario del mismo.
4. Lugar y fecha en la que se firma el contrato.
5. Datos personales de la persona que alquila el piso al dueño de éste.
6. Período de alquiler.
7. Datos del dueño del piso.
8. Precio que se va a pagar.

b) Trate de encontrar en el texto un sinónimo para cada uno de los siguientes términos o expresiones:

> Casa o vivienda • Persona que alquila • Residente en • Propietario • Alquiler • Copia para

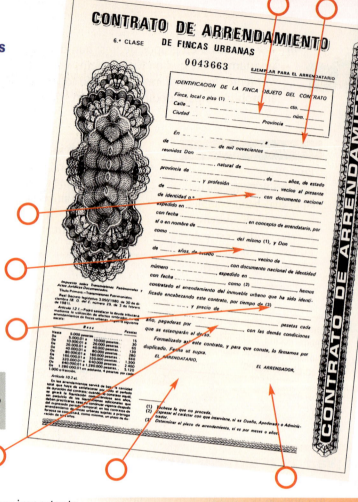

Les ha tocado en la lotería un premio muy importante, y han decidido comprarse una casa en España.

c) ¡Nos ha tocado la lotería!

1 Por parejas: este es el plano de la vivienda que han comprado. Ahora tienen que decorarla eligiendo el color de cada habitación y distribuyendo los muebles.

RECUERDE

- Expresar dudas.
- Exponer deseos y necesidades.
- Indicar sus preferencias (colores, estilo de mobiliario).

2 Escuchen la encuesta hecha a algunas personas sobre el rincón favorito de la casa y los colores. Anoten sus respuestas.

	1	2	3	4
a) Habitación favorita.				
b) Cosas fundamentales.				
c) Colores.				

3 Contesten individualmente a las preguntas del ejercicio anterior y comparen sus respuestas con las de sus compañeros.

Multimedia

TAREAS EN INTERNET

_A_rchivo	_E_dición	_V_er	_F_avoritos	_H_erramientas	Ay_u_da

Atrás	Adelante	Detener	Actualizar	Inicio	Búsqueda	Favoritos	Correo	Imprimir

Dirección   http://www.patrimonionacional.es   ▼ ⟿ Ir a

Situación: viaje por la historia de España a través de sus castillos.

¿Sabía que...? Con más de 5.000 fortalezas, España es una tierra de castillos. Por ello, no es casualidad que el nombre de dos importantes regiones españolas tenga un origen en la palabra castillo: Castilla (procede del latín _castellum_, castillo) y Cataluña (cuyo origen es semidesconocido aunque podría proceder de _castlá_). Muchos de ellos están habitados todavía por los descendientes de los nobles que los edificaron en la Edad Media, otros se han convertido en museos o en establecimientos hoteleros.

Tarea: buscar información sobre las actividades de la Asociación de Amigos de los castillos y sobre los castillos y palacios de España.
Teclee www.ctv.es/USERS/emimar y www.patrimonionacional.es

Una de las modalidades más novedosas y extendidas en la actualidad es el llamado turismo rural, oferta que combina el disfrute de la montaña en lugares selectos con la gastronomía y los espléndidos y reducidos hoteles. Busque información sobre las posibilidades del turismo rural en España:
www.ruraltour.com; www.allrural.com; www.turismoruralyaventura.com

Internet

TAREAS CON EL CD ROM

LITERATURA ESCRITA POR MUJERES. LOS PREMIOS LITERARIOS

1. **Antes de consultar el CD anote lo que sabe sobre**:
   a) Mujeres escritoras en la historia de la literatura hispanoamericana.
   b) Premios literarios en el mundo hispánico.

2. **Consulte el CD y conteste verdadero o falso.**

Sobre la literatura escrita por mujeres:

	V	F
a) Todas las autoras coinciden en que la literatura escrita por mujeres es diferente a la escrita por hombres.	☐	☐
b) A pesar de las cifras de ventas, no todas las obras son de calidad.	☐	☐
c) La RELAT pretende crear un premio literario sólo para mujeres.	☐	☐

Sobre los premios literarios en español:

	V	F
a) No todos los premios literarios son otorgados por instituciones públicas.	☐	☐
b) El premio literario más importante es el Cervantes.	☐	☐
c) El Premio Cervantes, dotado con 90.151 euros, es el de mayor cuantía.	☐	☐
d) Borges, Vargas Llosa y Mutis han recibido el premio Cervantes.	☐	☐

3. **Después de consultar el CD, conteste a las siguientes preguntas:**
   a) ¿Cuándo se produjo el _boom_ de la literatura de mujeres en español?
   b) ¿Se trata de literatura de mujeres o para mujeres?

DEBATE EN GRUPO: ¿Existe en realidad alguna diferencia entre la literatura escrita por mujeres y la escrita por hombres? En su opinión, ¿cuáles son los géneros más "femeninos" o "masculinos"?

ARCHIVO DE PALABRAS

1 Observe el dibujo y anote el nombre del objeto o mueble que está en la situación indicada.

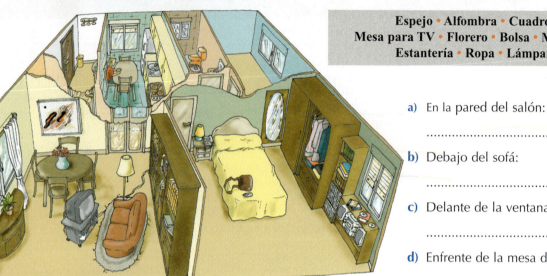

Espejo • Alfombra • Cuadro • Cómoda •
Mesa para TV • Florero • Bolsa • Mesilla • Fregadero
Estantería • Ropa • Lámpara • Armario

a) En la pared del salón:
....

b) Debajo del sofá:
....

c) Delante de la ventana del salón:
....

d) Enfrente de la mesa de la cocina:
....

e) Sobre la cama:
....

f) Dentro del armario del dormitorio:
....

g) Encima de la mesa del comedor:
....

h) Bajo el televisor:
....

i) Cerca de la ventana del dormitorio:
....

j) Al lado del sofá:
....

k) Detrás del sofá:
....

l) A la derecha y a la izquierda de la cama:
....

2 De aquí y de allá: usted está viviendo una temporada en Argentina y necesita comprar estas cosas para la casa. Compruebe su lista con los letreros de unos almacenes.

Aspirador
Congelador
Microondas
Grifos
Frutero
Cubo de basura
Platos llanos
Cojines
Cucharillas
Edredón
Cubertería
Mesilla
Lavabo
Bombillas
Cazos

Acolchado
Pileta del baño
Lámparas, focos
Juego de cubiertos
Aspiradora
Cucharitas
Jarros
Freezer
Mesita
Horno de microondas
Frutera
Tacho o tarro de basura
Platos playos
Canillas, picos
Almohadones pequeños

3 A continuación agrupe las palabras en la categoría que corresponda:

OBJETOS DE DECORACIÓN   ELECTRODOMÉSTICOS   OBJETOS DOMÉSTICOS

primer plano

CONTENIDOS

OBJETIVOS COMUNICATIVOS:
- Confirmar suposiciones.
- Relacionar información: expresar oposición y contraste.
- Transmitir lo dicho o escrito por otros.
- Hacer propuestas y ofrecimientos. Aceptar y rehusar.
- Concertar citas.
- Expresar tiempo.

CONTENIDOS LINGÜÍSTICOS:
- Pronombres complemento + preposición.
- Conjunciones y locuciones adversativas.
- Oraciones concesivas.
- Estilo indirecto.
- Referencias temporales.
- Verbos de comunicación (percepción, entendimiento y habla).
- Preposiciones: *con, sin*.
- Interjecciones.
- Acentuación de esdrújulas y sobresdrújulas.
- Uso de mayúsculas.
- Tratamientos académicos.
- Siglas y abreviaturas.

LÉXICO:
Sistema educativo español, mundo académico y vida universitaria; estilos artísticos, soportes de información.

ESTRATEGIAS DE COMUNICACIÓN Y DE APRENDIZAJE:
Solicitar ayuda; técnicas de estudio (adquisición de información y documentación, tomar apuntes, resumen, esquemas y diagramas, uso del diccionario) y técnicas documentales.

TEXTOS:
Expositivo, trabajo de investigación y cartas formales e informales.

INTERNET:
Informarse acerca de las universidades, acceso a la Biblioteca Nacional y bibliotecas universitarias, difusión de la Edad de Plata española.

episodio 6

La Universidad

Secuencias de

A. Prácticas del vídeo

 Antes de ver el vídeo:
¿De qué cree que van a hablar? Lea los comentarios y busque la foto correspondiente. Compare sus respuestas con las de sus compañeros.

a) Creada en el siglo XIII es una de las más antiguas de Europa. La extraordinaria fachada del siglo XVI que da al Patio de las Escuelas es un magnífico ejemplo del estilo plateresco. En su decoración figura un medallón con la efigie de los Reyes Católicos. Encima de una calavera hay una pequeña rana que promete el aprobado a quien consiga verla.

b) La nueva es del siglo XVI y se construyó al lado de la románica del siglo XII. Presenta una mezcla de estilos, aunque predomina el gótico con incorporaciones posteriores renacentistas y barrocas.

c) Debe su nombre a la decoración de los muros, emblema de la Orden de Santiago, a la que pertenecía el caballero que mandó construirla en el siglo XV.

d) Es uno de los más bellos de la ciudad. Sus dos pisos representan el refinamiento renacentista, con adornos muy originales. El convento es de 1533.

e) Está en un lugar céntrico. Miguel de Unamuno y Torrente Ballester solían frecuentarlo.

desde 1905
Café Novelty
Plaza Mayor 2
Salamanca

2 Sobre el vídeo.
¿Ha comprendido bien? Señale la respuesta correcta.
Justifique sus respuestas.

	Sí	No	¿?
1. Kerstin quería conocer Salamanca.	☐	☐	☐
2. Pilar estudia tercero de Derecho.	☐	☐	☐
3. La carrera de Derecho es de cinco años.	☐	☐	☐
4. Pilar tenía prisa porque tenía un examen.	☐	☐	☐
5. Fray Luis de León había enseñado Teología en Salamanca.	☐	☐	☐
6. Kerstin y Pilar quedaron para cenar.	☐	☐	☐

3 Después de ver el vídeo:

1) ¿Recuerda los monumentos, lugares y personajes mencionados en la conversación y lo que se dice de ellos? Anótelos.

a) Nombres propios y su relación con los lugares mencionados:
....

b) Aspectos artísticos (monumentos y estilos):
....

c) Anécdotas: ....

2) ¿Quién decía que...?

	Kerstin	Pilar
a) Estaba haciendo turismo.	☐	☐
b) Le gustaría ver la universidad.	☐	☐
c) Se tenía que ir a clase.	☐	☐
d) En Salamanca habían vivido grandes intelectuales.	☐	☐
e) Había quedado con unos amigos a las nueve.	☐	☐

3) **Aquí tiene el organigrama de una de las universidades más importantes del mundo hispánico, la UNAM de México. Relacione las definiciones con el departamento correspondiente y complete el gráfico:**

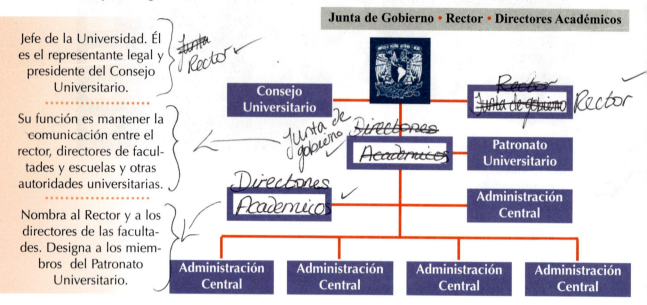

Jefe de la Universidad. Él es el representante legal y presidente del Consejo Universitario.

Su función es mantener la comunicación entre el rector, directores de facultades y escuelas y otras autoridades universitarias.

Nombra al Rector y a los directores de las facultades. Designa a los miembros del Patronato Universitario.

Junta de Gobierno • Rector • Directores Académicos

Consejo Universitario

Patronato Universitario

Directores Académicos

Administración Central

Administración Central — Administración Central — Administración Central — Administración Central

B. ¡A ESCENA!

Consulte la transcripción del vídeo del Episodio 6 y la sección de Referencia gramatical (Cuaderno de ejercicios) de distintas unidades y anote las expresiones que se usan para:

- Expresar deseos.
- Dirigirse a un desconocido para solicitar ayuda.
- Formular propuestas y ofrecimientos.
- Aceptar o rechazar una propuesta.
- Concertar una cita.

Por parejas: preparen y representen la siguiente situación:

Estudiante A:
Una persona desconocida se dirige a usted para pedirle que le señale la dirección correcta para ir a un lugar. En el transcurso de la conversación, usted le ofrece quedar para más tarde. Si acepta su propuesta, debe señalar el lugar y la hora de la cita.

Estudiante B:
Acaba de llegar a una ciudad y le interesa visitar algunos monumentos. Pida ayuda a su compañero. En el transcurso de la conversación, puede aceptar o rehusar la propuesta que le va a hacer para visitar la ciudad, quedando en algún sitio a una hora determinada. Si no le apetece, puede rehusar la propuesta dando una excusa.

C. Permanezca a la escucha

1 Lea estos fragmentos y señale la forma en que se produce la comunicación. A continuación subraye los verbos principales en cada uno de los mensajes.

1) Presencial

2) Por teléfono

3) Por correo electrónico

4) Radio/televisión

5) Prensa

a) Querido Germán:
Te adjunto fichero aparte
con mis ideas para el congreso.
¿Puedes darme el teléfono de Esperanza?
Un abrazo.
Tita

b) 152 colegios públicos abrirán en días no lectivos a partir del próximo curso.

c) La última noticia que nos llega de redacción sobre la erupción del volcán Nyragongo confirma que más de 50.000 personas se han quedado sin hogar.

d) Esperanza: ¿Qué te ha pasado? Pensé que no llegabas a clase.

María: Nada, es que cuando iba a salir de casa me llamó una amiga del colegio y estuvimos cotilleando un poco.

e) José Carlos, soy Nieves. Llevo dos días intentando localizarte. Llámame esta noche, por favor.

2 Escuche la segunda versión de las comunicaciones y anote el verbo que falta en cada uno de los mensajes. Especifique cuál es el tiempo verbal modificado:

a) Tita comunicó a Germán que le .... (1) un fichero aparte y le .... (2) si podía decirle el teléfono de Esperanza.

b) La prensa informaba de que 152 colegios públicos .... (3) en días no lectivos a partir del curso siguiente.

c) La última noticia que les .... (4) a la redacción de radio-televisión sobre la erupción del volcán Nyragongo, ... (5) que más de 50.000 personas se habían quedado sin hogar.

d) Esperanza le .... (6) a María que qué le .... (7) y le .... (8) que pensaba que no llegaba a clase.

e) Nieves dejó un mensaje en el contestador a José Carlos porque llevaba dos días intentando localizarle y le .... (9) que .... (10) esa noche.

A) Pronombres sujeto y complemento con preposición

Preposición + pronombres complemento directo, indirecto y circunstancial	*Este examen es **para ellos**.* *He quedado **con ella**.*
Preposición + formas específicas del pronombre: *mí* (yo), *ti* (tú), *sí* (reflexivo; él, ella)	*Se fue **sin mí**.* *Este disco es **para ti**.* *Miró lo que tenía **ante sí** y no pudo creer lo que veía.*
***Entre, según, excepto, menos, salvo, hasta* + yo, tú, usted**	*Todos hablaban **menos yo**.* ***Según usted**, ésta es la mejor película.*
La preposición *con* + *mí, ti, sí* = *conmigo, contigo, consigo* (mismo)	*¿Vienes **conmigo**?* *Podríamos ir **contigo**.* *No paraba de hablar **consigo mismo**.*

Posición de los pronombres

- **Complemento indirecto + complemento directo + verbo:**
  *¿Me dejas el periódico? ¿**Me lo** dejas?*

- **Infinitivo/gerundio + pronombre/pronombre + infinitivo/gerundio:**
  *Quiero publicar**lo**/**Lo** quiero publicar; Estoy contándo**te** la verdad/**Te** estoy contando la verdad/Estoy contándo**tela**.*

- **Imperativo afirmativo + pronombre/pronombre + imperativo negativo:**
  *Da**me** la dirección/no **me** des la dirección.*
                    (La partícula negativa se coloca antes del pronombre).

 RECUERDE   Compre/cómprelo   Di, dime/dímelo   Come/cómetelo

---

1 **Complete las frases con el pronombre correspondiente:**

a) Tenemos una cita con .... *(Pilar)*.

b) ¿Puedo acompañar .... a Salamanca? *(vosotros)*

c) Querían venir con .... de excursión *(yo)*.

d) No .... mandes flores *(a mí)*.

e) Nadie, excepto ...., sabía cómo ir *(tú)*.

f) Me gustaría ir con .... al teatro *(tú)*.

 2 **Escuche la conversación y escriba las palabras que faltan. Tenga cuidado con las tildes:**

- Tengo que tomar una decisión y no sé qué hacer. ¿Podrías ....?

• Por supuesto, cuenta ....

- Es que me han dado una beca para estudiar y no sé si .... o no.

• No lo dudes. ....

- Es que es en el Colegio de México, en México.

• Está un poco lejos, pero es una oportunidad. Además, si quieres, puedo ir a

....

• ¿Conoces a alguien allí?

- Sí. Mi primo está estudiando Arquitectura allí.

- ¿Por qué no le llamas para .... información?

- Tienes razón. Voy a .... un correo electrónico.

- .... ¡Venga! Mejor dicho, ¡.....................!

- Ahora mismito lo hago. Gracias por tu idea. Vendrás a ...., ¿verdad?

B) Transmitir lo que han dicho o escrito otros. El estilo indirecto

El estilo indirecto reproduce lo dicho o escrito por otra persona. Se expresa con el siguiente esquema: or. principal (verbo de habla) + *que* + or. subordinada. La reproducción no es literal, lo que provoca una serie de cambios gramaticales que afectan al tiempo verbal, a los pronombres personales y posesivos y a los adverbios.

> • **Cambio en los pronombres personales y posesivos:**
>   **yo** → **él:** *Dijo: "**yo** no voy"./Dijo que **él** no iba.*
>   **Tú** → **él:** *Dice: "**eres** un irresponsable"./Dice que **es** un irresponsable.*
>
> • **Cambio en las referencias espaciales:**
>   **aquí** → **allí:** *"**Aquí** no hay universidad"./Dijo que **allí** no había universidad pública.*
>   **ir** → **venir:** *No **voy**/Dijo que no **venía**.*
>   **llevar** → **traer:** *Nosotros **llevamos** la bebida / Dijeron que ellos **traían** la bebida.*
>
> • **Cambio en las coordenadas temporales:**
>   **hoy, ahora** → **entonces:** *"Paso **hoy** por tu casa"./Dijo que pasaba **entonces**.*
>   **ayer, hace** → **el día anterior:** *"**Ayer** comí en casa de mis padres"./Dijo que el* ***día anterior*** *había comido en casa de sus padres.*

Pilar dijo: "Voy a ir a clase". (Estilo directo.) / Ella dijo que iba a ir a clase. (Estilo indirecto.)

Pilar dijo ayer: "Pablo y tú podéis cenar en mi casa". / Pilar dijo que Pablo y yo podíamos cenar anoche en su casa.

Cambios verbales (I)

Verbo que introduce el estilo indirecto en PRESENTE

Estilo directo	Introductor en presente	Estilo indirecto
• **Verbo en indicativo** *Tengo miedo, frío y hambre.* *¿Irás a la fiesta de mi cumpleaños?* • **Verbo en subjuntivo** *Quizás lleguemos a tiempo.* • **Verbo en imperativo** *Déjame en paz.*	Dice que... Pregunta si...	• **Verbo en indicativo** *... **tiene** miedo, frío y hambre.* *... **iré** a la fiesta de su cumpleaños.* • **Verbo en subjuntivo** *... quizás **lleguéis** a tiempo.* • **Verbo en subjuntivo** *... le **dejes** en paz.*

1 **Transforme estas frases cambiando las palabras que sean necesarias.**

1. ¿Te han renovado ya la beca para el año que viene?
Me pregunta...

2. Pregúntele al profesor Ríos si necesita la bibliografía del apartado quinto del trabajo de sociología.
Dice que...

3. Sólo quiero que me dejen tranquilo durante los dos próximos días.
Dice que...

4. Le va a comentar a Luis la posibilidad de pedir las vacaciones anticipadas.
Digo que...

5. Si me animara a presentarme al examen, iríamos en julio a Atenas.
Me comenta que...

Cambios verbales (II)

Verbo que introduce el estilo indirecto en PASADO

Estilo directo	Introductor en pasado	Estilo indirecto
• Indicativo		**• Indicativo**
Presente: *Me gusta leer antes de dormir.*		Pretérito imperfecto: ... le **gustaba** leer antes de dormir.
Pretérito perfecto: *He ido a un concierto maravilloso.*		Pluscuamperf. o indefinido: ... **había ido** a un concierto maravilloso.
Indefinido: *Conocimos a un director de cine.*		Pluscuamperf. o no cambia: ... **habían conocido** a un director de cine./ **conocieron** a un director de cine.
Imperfecto: *Iban al bar de la facultad.*		Imperfecto: ... **iban** al bar de la facultad.
Pluscuamperfecto: *Habían aprobado todos.*		Pluscuamperfecto: ... **habían aprobado** todos.
Condicional: *Convendría presentarse en junio.*	Dijo que...	Condicional: ... **convendría presentarse en junio.**
Futuro: *Te enseñaré la ciudad.*	Ha dicho que...	Condicional simple: ... le **enseñaría** la ciudad.
Futuro compuesto: *Habrá terminado la función.*		Condicional compuesto: ... **habría terminado** la función.
Condicional simple y compuesto: *Llegaría tarde.*		Condicional simple y compuesto: ... **llegaría** tarde.
• Subjuntivo e imperativo		**• Subjuntivo e imperativo**
Imperativo y presente: *Lee esta poesía.*		Imperfecto: ... **leyera** esta poesía.
Pretérito perfecto: *Quizá no lo haya dicho.*		Pretérito pluscuamperfecto: ... quizás no lo **hubiera dicho**.
Imperfecto: *Ojalá fuera verano ya.*		Imperfecto: ... ojalá **fuese** verano ya.
Pluscuamperfecto: *Hubiera preferido la matrícula.*		Pluscuamperfecto: ... **hubiera preferido** la matrícula.

2 Redacte las siguientes comunicaciones en estilo indirecto:

a)

España • Espagne • Spain • Espanha

Querida Pilar:

Acabo de llegar a Amsterdam y ya he empezado a trabajar en mi banco. Estoy muy contento y me encanta esta ciudad.

Mañana empezaré a buscar apartamento. Cuando lo tenga, te daré la dirección para que vengas a verme.

Un beso.

Borja

Borja dice a Pilar que...

c)

DE: Sr. Avellaneda

PARA: Sr. Cervantes

DIJO QUE: Lamenta no poder cenar con usted esta noche. Sugiere entrevista en su oficina, mañana a las 11.
Ruega confirmación antes de las 10 de la mañana.

El señor Avellaneda dijo que...

b)

El Festival de Punta del Este rinde homenaje a Paco Rabal. Anoche se inauguró en la localidad balneario chilena de Punta del Este la muestra "Europa, un Cine de Punta", durante la que se proyectará, hasta el próximo día 23, un total de 22 títulos de la producción europea. También se rendirá homenaje al actor Paco Rabal.

El periódico dice que...

d)

Barcelona, 10 de enero de ....

Asunto: **Crédito solicitado.**

Muy señores nuestros:

Tenemos el gusto de ponernos en contacto con ustedes para notificarles la concesión del crédito personal que habían solicitado.

Les rogamos se pasen por nuestra oficina a la mayor brevedad posible para formalizar la documentación.

Reciban un cordial saludo.

Federica Valle
Directora

La señora Valle dice que...

3 Escriba en forma de diálogo las palabras exactas que dijeron los dos interlocutores.

• **En el aeropuerto, el policía me pidió el pasaporte y me preguntó si había estado antes en el país. También, quería saber cuál era el propósito de mi viaje.**

Yo le contesté que era la primera vez que iba y que el propósito de mi viaje era hacer turismo y visitar los museos de la ciudad.

• **El policía me preguntó que por qué no había ido con un grupo organizado.**

Yo le dije que yo era muy independiente y que me gustaba viajar sola.

• **El policía quería saber el nombre del hotel en el que iba a alojarme y cuántos días pensaba estar.**

Yo le contesté que había reservado siete noches en el Hotel Marriott y que, a la semana siguiente, viajaría a Chicago y, probablemente, iría a Canadá para ver las Cataratas del Niágara.

C) Expresar oposición o contraste. Oraciones concesivas

Or. subordinada	Or. principal		
• Indicativo **Aunque** **Si bien** Pres. **A pesar de** + **Por muy/** **Por mucho que** Impr. **Aun cuando**	presente/ futuro imperfecto/ indefinido	La oración subordinada va en indicativo cuando el hablante constata un hecho. Expresa dificultad real de la que se tiene experiencia.	**Aunque estudio** mucho, no consigo aprobar. **A pesar de que sabía** varios idiomas, no encontraba trabajo.
• Subjuntivo **Aunque** **Si bien** Pres. **A pesar de** + **Por muy/** **Por mucho que** Impr. **Aun cuando**	futuro condicional	La oración subordinada va en subjuntivo cuando el hablante expresa una acción todavía no realizada. Expresa dificultad posible o probable.	**Aunque sea** muy fácil, no lo **entenderé** nunca. **Por mucho frío que hiciese, iría** a la playa.

1 **Complete las siguientes frases con el tiempo y el modo correctos. Puede elegir el verbo libremente.**

a) Es una carrera muy bonita, si bien no .... las asignaturas difíciles.

b) Te acompañaré a la ópera aunque no .... nada de música.

c) No .... trabajo aun cuando terminara la tesis.

d) No me compré el coche a pesar de que ....

e) No entiendo la Física por más que ....

2 **Escuche los comentarios de algunos estudiantes y adivine las carreras que están estudiando:**

DERECHO • FILOLOGÍA CLÁSICA •
VETERINARIA • ARQUITECTURA •
EMPRESARIALES • INFORMÁTICA •
ARTE • FILOLOGÍA HISPÁNICA •
BIBLIOTECONOMÍA • MEDICINA •
INGENIERÍA INDUSTRIAL •
FILOSOFÍA • FARMACIA

a) _____

b) _____

c) _____

d) _____

e) _____

f) _____

g) _____

3 **Reescriba las frases siguientes utilizando los conectores que se señalan:**

a) Nadie me asegura un trabajo en una biblioteca, pero haría otro curso más de biblioteconomía. (*Aun cuando*)

b) Me gusta la carrera de Ingeniería Industrial. No puedo estudiarla porque no tengo una nota alta. (*Por mucho que*)

c) Me gustaría mucho estudiar Filología. Me da mucho miedo no encontrar trabajo cuando termine. (*A pesar de*)

d) Trabajaré tres años en un museo y verás como no consigo un trabajo estable con la carrera de arte. (*Aunque*)

e) Me quedan solamente tres asignaturas para terminar Farmacia. No logro terminar la carrera por falta de tiempo. (*Si bien*)

D) Expresar tiempo. Indicativo y subjuntivo en oraciones temporales

Indicat. + *tan pronto como en cuanto (que) mientras hasta que cuando* + indicat.	Expresa una acción en el presente o en el pasado.	Podemos hablar **mientras comemos**. Esperó **hasta que yo llegué**. Leo **cuando puedo**. Pagó **en cuanto que se lo pidieron**.
Antes de que **Después de que** + subjuntivo	Con sujetos diferentes.	Te lo contaré **antes de que llegue** Pepe. Me quedé helada **después de que me confesara** la verdad.
Futuro + *cuando* + **presente/ pretérito perfecto de subjuntivo**	Indica una acción futura.	**Me presentaré** al examen **cuando haya preparado** bien la asignatura.
Antes de/después de + infinit. **Al** + infinitivo	Equivale a: *cuando* + verbo.	Me encontré con ella **al llegar** a la Plaza Mayor = cuando llegué.

1 Complete las frases siguientes con la forma correcta del verbo entre paréntesis.

  a) La gente se pone a dieta cuando .... el verano *(llegar)*.

  b) Mire a su derecha antes de .... una calle *(cruzar)*.

  c) Estudiaré bien el proyecto antes de que lo .... el director *(firmar)*.

  d) Se mareó al .... la puerta del despacho *(abrir)*.

  e) No podrás comprarte un coche hasta que no .... tu carrera *(terminar)*.

2 Sustituya *cuando* por otra expresión de tiempo, haciendo los cambios necesarios.

  a) Lloré mucho cuando me trasladaron a trabajar aquí.
  b) No me gusta hablar cuando estoy comiendo.
  c) Lola dijo que te irá a visitar cuando pueda.
  d) Tenemos que empezar este trabajo cuando él venga.
  e) Voy a irme a un balneario cuando empiece el verano.

3 Formule cinco preguntas practicando las expresiones de tiempo y pida a su compañero que las conteste.

El curso académico se está terminando y tienen que presentar una memoria o trabajo de investigación para obtener el diploma de Lengua y Cultura Españolas.

a) Concertar una cita

1 Escuche la conversación telefónica y complete el resumen de la misma:

La señorita White llamó por teléfono a la Doctora ....**1**..... porque quería hacer un ....**2**.... sobre la poesía de ....**3**....., ya que la ....**4**..... Náñez es ....**5**..... en este autor.

Al principio la Doctora Náñez ....**6**.... la entrevista porque tenía que dar una ....**7**..... esa tarde, en el ....**8**..... de la universidad, a las siete y media. Después, aunque estaba muy ocupada, ...**9**..... recibir a la señorita White, en su despacho de la planta ....**10**...., a las seis. Además, la Doctora Náñez le comentó que, al día siguiente, ...**11**.... una representación de *La casa de Bernarda Alba* y que podía ....**12**...., si lo deseaba.

2 Agrupe el léxico relacionado con su memoria o trabajo de investigación en la categoría que corresponda.

> **Índice • Literatura • práctico • siglo • Historia • movimiento literario • hecho histórico • teórico-práctico • Arte • teórico • Geografía • apéndice • Filosofía • período histórico • Música • anexo • nota a pie de página • Cine • conclusiones • Lengua • Cultura y Sociedad • aplicación didáctica • Relaciones comerciales • prólogo • epígrafe**

ASIGNATURA	METODOLOGÍA	PERÍODOS HISTÓRICOS	ESTRUCTURA

3 Por parejas: preparen y graben la conversación telefónica para concertar una cita con el/la profesor/-a especialista en la materia sobre la que quieren hacer su trabajo:

Alumno/a:
- Identifíquese.
- Indique el objeto de su llamada.
- Solicite entrevista.

Profesor/-a:
- Confirme su identidad.
- Pida detalles sobre el proyecto.
- Acepte/rehúse/ofrezca alternativas para la entrevista.

b) Búsqueda de información

 1 **Relacione cada definición con el término correspondiente:**

- **base de datos**
- **carné**
- **catálogo**
- **ficha**
- **fichero**
- **hemeroteca**
- **libre acceso**
- **mediateca**
- **préstamo**
- **publicación periódica**
- **usuario**

- entrega de algo que se devuelve después de cierto tiempo.
- hoja de papel que sirve para anotar datos y archivarlos.
- lugar donde se guarda y clasifica la información.
- persona que utiliza algo ordinariamente.
- sistema de almacenamiento y ordenación de la información.
- lugar donde se concentran publicaciones periódicas.
- relación ordenada de objetos o personas.
- posibilidad de entrar en locales restringidos.
- documento que acredita la identidad de una persona.
- lugar donde se guardan publicaciones audiovisuales.
- obra o escrito impreso regularmente.

 2 **Se han apuntado a un curso de formación de usuarios de la biblioteca. Complete el texto de la presentación de los servicios de la biblioteca universitaria con los términos del ejercicio anterior y, a continuación, escuche la grabación para corregir su texto:**

Nuestra biblioteca es una unidad de apoyo a la docencia y a la investigación. Los profesores, becarios, alumnos y personal de administración pueden utilizar el servicio de .... Para el préstamo personal es necesario tener el .... de la biblioteca. Están excluidas de préstamo las obras de referencia, las publicaciones ...., los libros antiguos y raros y los documentos audiovisuales.

La biblioteca tiene unos catálogos (.........................) que reflejan los libros que posee. El catálogo de autor está ordenado alfabéticamente por apellidos. El catálogo de títulos recoge las obras literarias por orden alfabético. El catálogo de materias designa el contenido de los libros. La Clasificación Decimal Universal (CDU) es la clasificación internacional que asigna un número determinado a cada materia, agrupándolas por ramas de conocimiento. Los fondos que integran la colección de referencia, colocada en ...., consisten en bibliografías, ..., diccionarios, enciclopedias, anuarios, directorios y guías.

La .... facilita el visionado y la audición de todos los fondos audiovisuales. La .... conserva las publicaciones .... de diversas áreas temáticas. El catálogo está informatizado y existen terminales de ordenador para efectuar búsquedas en las .... También es posible consultar el catálogo a través de Internet. El lugar destinado para el acceso a Internet y las bases de datos en CD-ROM se encuentra en la Biblioteca general. El servicio de información bibliográfica ofrece cursos de formación de ....

3 **Por parejas. Utilización del catálogo automatizado.**

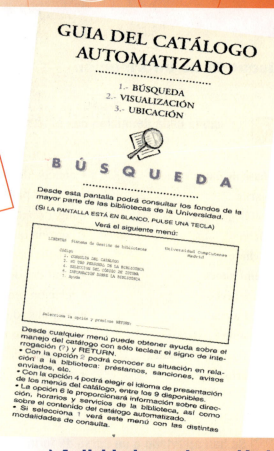

GUIA DEL CATÁLOGO AUTOMATIZADO
....
1.- BÚSQUEDA
2.- VISUALIZACIÓN
3.- UBICACIÓN

B Ú S Q U E D A
....
Desde esta pantalla podrá consultar los fondos de la mayor parte de las bibliotecas de la Universidad.
(SI LA PANTALLA ESTÁ EN BLANCO, PULSE UNA TECLA)
Verá el siguiente menú:

Desde cualquier menú puede obtener ayuda sobre el manejo del catálogo con sólo teclear el signo de interrogación (?) y RETURN.
• Con la opción 2 podrá conocer su situación en relación a la biblioteca: préstamos, sanciones, avisos enviados, etc.
• Con la opción 4 podrá elegir el idioma de presentación de los menús del catálogo, entre los 9 disponibles.
• La opción 6 le proporcionará información sobre dirección, horarios y servicios de la biblioteca, así como sobre el contenido del catálogo automatizado.
• Si selecciona 1 verá este menú con las distintas modalidades de consulta.

Alumno A:
Pida ayuda a su compañero para que le explique las distintas opciones del catálogo automatizado.

Alumno B:
Lea las explicaciones del menú para ayudar a su compañero a efectuar búsquedas en el catálogo.

c) Actividades extracadémicas

 1 **Fiesta Fin de Curso:** el curso ha terminado y quieren celebrar una fiesta para despedirse.

a) **Por parejas: elijan una de las siguientes propuestas:**

1. Reunión de todo el grupo en una de las casas para degustar comidas y bebidas típicas de sus países y cantar y bailar los ritmos de su país, españoles o de moda.

2. Ir a cenar a un restaurante y, después, a una discoteca.

3. Hacer una excursión a una población famosa por sus monumentos y gastronomía.

4. Otras propuestas.

b) **Grupo completo: discutan y voten las propuestas elegidas para tomar una decisión. También, tienen que elegir una fecha y calcular el presupuesto. A continuación, deberán organizar la fiesta y nombrar a los responsables de cada tarea:**

1. Casa en la que van a reunirse, comidas y bebidas que van a preparar, discos que van a llevar; lista de invitados (profesores y amigos), plano con la dirección de la casa; lista de compras (comidas, bebidas, vasos, cubiertos, etc.).

2. Selección en un periódico o en una publicación especializada del restaurante y la discoteca donde se va a celebrar la fiesta. Llamar por teléfono para preguntar el precio del cubierto y reservar el día y la hora y número de asistentes.

3. Pedir información en una agencia de viajes o en una oficina de turismo acerca de las excursiones a la población que se ha decidido visitar.

4. Lista de necesidades, según la propuesta.

 c) **En el transcurso de la fiesta de fin de curso han conocido a unos tunos que hoy han ido a despedirse de ustedes. Escuchen la canción para cantarla todos juntos.**

Multimedia

Archivo   Edición   Ver   Favoritos   Herramientas   Ayuda

Atrás   Adelante   Detener   Actualizar   Inicio   Búsqueda   Favoritos   Correo   Imprimir

Dirección   http://www.universia.es   Ir a

Situación: informarse sobre las universidades españolas, acceso a la Biblioteca Nacional de España y a las bibliotecas universitarias. La Edad de plata española.

¿Sabía que...? la universidad es una creación de la Edad Media occidental. Las primeras universidades aparecieron en el siglo XIII. Salamanca es la primera universidad que se fundó en España. Después, se crearon las de Lérida, Valladolid, Perpiñán y Huesca. En 1502, el Cardenal Cisneros fundó la de Alcalá de Henares y, en América, se crearon las de Santo Domingo (1530), México (1533) y Lima (1551); en Asia, la de Santo Tomás, en Manila (1611).

Tarea: visitar las universidades y bibliotecas universitarias españolas.
Teclee www.universia.es y www.el-mundo.es

Tarea: acceder a la Biblioteca Nacional de España.
Teclee : www.bne.es

Tarea: conocer el fructífero período de la vida intelectual española llamado la Edad de Plata (1868-1936).
Teclee: www.archivovirtual.org/

Internet

TAREAS CON EL CD ROM

LA ARQUITECTURA RENACENTISTA ESPAÑOLA

1. Antes de consultar el CD, anote lo que sabe sobre:
a) El Renacimiento, en España y en Europa.
b) El Monasterio de El Escorial.

2. Consulte el CD y conteste verdadero o falso: V   F

Sobre la arquitectura renacentista en España.
a) Los dos estilos más representativos son el plateresco y el herreriano.   ☐ ☐
b) El estilo plateresco se caracteriza por la sencillez y el herreriano por
la profusión de elementos decorativos.   ☐ ☐

Sobre los monumentos:
a) El Monasterio de El Escorial representa el estilo herreriano.   ☐ ☐
b) Las Universidades de Salamanca y de Valladolid son del siglo XIII.   ☐ ☐
c) El Monasterio de El Escorial es también panteón real.   ☐ ☐

3. Después de consultar el CD, conteste a las siguientes preguntas:
a) ¿Por qué la producción artística del siglo XVI se centra fundamentalmente en obras religiosas?
b) ¿Cuál es la importancia de la biblioteca del Monasterio de El Escorial?
c) ¿Qué representan las monarquías de los Reyes Católicos, Carlos I y Felipe II, respectivamente?

DEBATE EN GRUPOS: Papel de la universidad en la antigüedad y en la actualidad. ¿Para qué sirve ahora un título universitario?

1 Estudie el esquema del Sistema Educativo Español y ponga en orden correcto las etapas:

PAU (Prueba de Acceso a la Universidad) ☐

Primaria ☐

ESO (Educación Secundaria Obligatoria) ☐

Máster ☐

Carrera Universitaria ☐

FP (Formación Profesional) ☐

Doctorado ☐

Bachillerato ☐

2 Escuche las conversaciones y anote el nivel de cada alumno:

a) _____

b) _____

c) _____

d) _____

e) _____

f) _____

3 En grupos: diseñen un esquema que represente las etapas de enseñanza de su país y compárenlo con el Sistema de Enseñanza Español.

4 ¿Podría interpretar el significado de los siguientes comentarios que suelen repetirse en el lenguaje cotidiano de los estudiantes?

NUEVO SISTEMA EDUCATIVO (LOGSE DE 1990)

☐ SIN TÍTULO
SÓLO AQUELLOS ESTUDIOS A LOS QUE ESTAN VINCULADOS
✗ PRUEBA DE ACCESO A ESTUDIOS UNIVERSITARIOS
⌒ PRUEBA DE ACCESO

3er ciclo

2º ciclo

1er ciclo UNIVERSIDAD | ESCUELAS UNIVERSITARIAS

CICLOS FORMATIVOS GRADO SUPERIOR

MUNDO LABORAL

(1) (2)

EDAD

18
17 — BACHILLERATO | CICLOS FORMATIVOS GRADO MEDIO | GARANTÍA SOCIAL
16
15 — 2º ciclo
14 — EDUCACIÓN SECUNDARIA OBLIGATORIA
13 — 1er ciclo | EDUCACIÓN OBLIGATORIA
12
11
10
9 — EDUCACIÓN PRIMARIA
8
7
6
5
4
3 — EDUCACIÓN INFANTIL
2
1
0

- Me han dicho que el catedrático de Anatomía es un hueso.
- ¿Cuántas asignaturas has cateado este año?
- Hay que saber latín para sobrevivir aquí.
- De pequeño tenía fama de empollón.
- Yo, los viernes suelo hacer pellas. Total, sólo son dos horas de clase.
- ¿Cuándo acabará la conferencia? Es un rollo.
- Aprobé Estadística gracias a las chuletas que me pasaron unos amigos.

Primer Plano 3

Transcripciones

Vídeo

EPISODIO 1
La entrevista

• Buenos días, soy Kerstin y estoy estudiando Informática.

♦ ¿Cuándo empezaste la carrera?

• Comencé hace tres años. Los primeros cursos tuve que estudiar muchísimo, y ahora quiero tomarme un respiro pasando un año en el extranjero.

♦ Muy bien, quieres estudiar idiomas. ¿Qué idiomas has estudiado hasta ahora?

• Bueno, sé algo de inglés y francés porque lo di en el colegio. Luego estudié algo de español, pero todavía me cuesta hablarlo.

♦ ¿Por qué quieres estudiar idiomas?

• En primer lugar me gusta mucho viajar y conocer a gente. Por ejemplo, España es un país que me gusta muchísimo y la gente me parece muy simpática. Pero ésta no es la única razón, para mi futuro profesional es muy importante saber idiomas. En informática, el inglés es el idioma más importante.

♦ ¿Cómo se te ocurrió estudiar en el extranjero y quién te informó?

• Tengo unos amigos que estuvieron en España haciendo un curso de idiomas. Para informarme sobre todas las posibilidades de cursos para extranjeros y de becas pregunté por el lector de español en la Facultad de Filología. Él me informó y me ayudó también a preparar la solicitud.

♦ ¿Tuviste que preparar muchos papeles para la solicitud?

• Sí, eran varias cosas. En primer lugar, redacté un currículum y también una carta personal solicitando la beca explícitamente. Tuve que rellenar unos impresos con mis datos personales y adjuntar una foto y, naturalmente, me hicieron un examen de idiomas. Además me pidieron cartas de recomendación de varios profesores y, también, una fotocopia del expediente académico.

♦ ¿Habías solicitado alguna vez una beca o ésta es la primera vez?

• Es la primera vez que pido una beca y ha habido suerte.

♦ ¿Cuándo sales?

• Me voy mañana.

♦ Mucha suerte.

• Gracias.

EPISODIO 2
De paseo por Madrid

• Me gustaría conocer Madrid. ¿Qué sitios me recomendarías visitar?

♦ Pues, mira, aquí tengo un plano de la ciudad y puedo mostrarte lugares muy interesantes.

• ¡Ah, fenomenal!

♦ El Paseo de la Castellana es la calle más importante de Madrid. Atraviesa la ciudad de norte a sur.

• ¿Puedo ir en autobús hasta allí?

♦ ¡Claro que sí! Pero el medio de transporte más rápido aquí en Madrid es el metro.

• Bueno, pues entonces iré en la línea cuatro hasta la estación de Colón.

♦ Perfecto, la Plaza de Colón se llama así porque en el medio hay una columna con una estatua de Cristóbal Colón.

• Y luego puedo pasear en dirección sur para llegar a la siguiente plaza.

♦ Muy bien, la Plaza de Cibeles te va a gustar mucho, es muy bonita. En el medio de la plaza hay una fuente con una escultura de la diosa Cibeles, ésta es la fuente más famosa de Madrid.

• Creo que ya la he visto en fotos y postales.

♦ Desde la Plaza de Cibeles verás la Puerta de Alcalá, que es otro de los monumentos más emblemáticos de Madrid.

• Bueno, y después ¿dónde voy?

♦ Si subes por la calle de Alcalá llegarás a otra plaza que se llama Puerta del Sol. Ésta es la zona del centro antiguo, con muchas calles pequeñas y muchas tiendas. Muy cerca de allí se encuentra la Plaza Mayor, que tiene en el centro una estatua de Felipe III. Esta zona es muy bonita, pero ten cuidado y no te pierdas.

• No te preocupes. Tendré cuidado. Tus explicaciones me han sido muy útiles. ¡Muchas gracias!

EPISODIO 3
La prensa en español

El panorama general de la prensa española es muy diverso, pues existen numerosas publicaciones periódicas destinadas al gran público. Éstas se adquieren en quioscos, situados generalmente en las calles de las ciudades.

En España hay algunos periódicos importantes de carácter general y de difusión nacional. *El País* es el diario de información general de mayor difusión. *El Mundo* es un periódico que apareció en 1989 y también es muy vendido en los últimos años. Los formatos de *El País* y *El Mundo* son muy parecidos. El *ABC* es el diario decano de la prensa española. Apareció en 1903 como un semanario y todavía mantiene su formato original característico.

Existe, asimismo, prensa diaria a escala regional con tiradas importantes, como *El Periódico* y *La Vanguardia* en Cataluña, y *El Correo Español* en el País Vasco.

Los periódicos deportivos son también muy importantes debido al elevado número de ejemplares que venden diariamente. Sus informaciones se centran fundamentalmente en el fútbol, que es el deporte favorito en España. Los más importantes son: el *Marca*, el *As*, *El Mundo Deportivo* y *Sport*.

Todos los periódicos editan además los domingos unas páginas adicionales, generalmente en color, conocidas con el nombre de "suplemento dominical".

EPISODIO 4
En un restaurante

♦ Buenas tardes, aquí tiene la carta.

• Gracias.

♦ Además de lo que en ella se incluye, puede usted elegir el menú del día.

• ¿Qué es el menú del día?

♦ El menú del día es una forma barata y rápida de comer, que incluye un primer plato, un segundo plato, el pan, el vino y el postre. En verano, la gente suele tomar sangría.

• ¿Y qué comen de primero y de segundo plato?

♦ Pues el primer plato suele consistir en una ensalada o en una sopa, el segundo plato ya sería la carne o el pescado, de postre, pues bueno, helado, fruta o un flan. Y luego también puede tomar café, que lo puede tomar de tres maneras diferentes: con leche, cortado o solo.

• Ya entiendo, ¿y qué hay hoy?

♦ Pues hoy tiene de primer plato paella.

• ¿Paella? ¿Es ese plato de arroz amarillo? Lo conozco de Alemania, pero como algo precocinado. Muy bien, tomaré paella.

♦ ¿Va a tomar alguna tapa de aperitivo?

• Una tapa... ¿qué es una tapa?

♦ Pues una tapa es una antigua costumbre gastronómica española, que consistía en tapar el vaso de vino con un plato, sobre el cual se ponían unas pequeñas porciones de comida con las cuales se acompañaba el vaso de vino.

• Ah, no, gracias. No tomaré tapa.

♦ De acuerdo, pues le traeré la paella.

♦ Esta paella nada tiene que ver con un plato precocinado: es casera. Es la especialidad de la zona de Valencia y, en muchas familias, es el plato dominical. Existen miles de variaciones, pero básicamente tiene que tener arroz, carne o pescado, y marisco.

• Mmm, ¡qué buena pinta tiene!

♦ Muy bien, pues que aproveche.

• Gracias.

EPISODIO 5
Los problemas de la vivienda

♦ ¿Dígame?

• ¿Carmen? Hola, soy Kerstin, una antigua alumna de Fernando.

♦ ¡Hola, Kerstin! Es verdad, ya me contó Fernando que vas a venir a Madrid.

• Bueno, ya estoy aquí. Y quería haceros una visita esta tarde.

♦ ¡Estupendo! Muy bien. ¿Tienes nuestra dirección?

• Bueno, tengo una tarjeta, pero me temo que no lo entiendo todo. Por ejemplo, ¿qué es "c", y qué significa "izda."?

♦ La "c" significa "calle", y lo otro es "izquierda". Nuestra calle se llama Pintores, el número de la casa es el seis y vivimos en la planta ocho. En cada planta hay dos pisos, uno a la derecha y otro a la izquierda.

• ¡Ah! Ahora entiendo. Muchas gracias, Carmen.

♦ ¿Ya sabes dónde es? Te esperamos esta tarde, ¿vale?

• Muy bien ¡Adiós Carmen!

♦ ¡Hasta luego, Kerstin!

• Verás, estamos buscando un apartamento más grande, porque éste es demasiado pequeño. Además queremos tener piscina.

- ¿Una casa con piscina? Pero eso debe de ser carísimo. ¿Te ha tocado el Gordo?

- No, en Madrid, hay muchas casas con piscina. Tener una piscina no es un lujazo como en Alemania. Además, cuando digo casa me refiero a un piso, no a un chalé. En Madrid hay muchos pisos con piscina común para todos.

- ¡Ah! Entonces casa sirve para piso, apartamento, chalé...

- Mira, ¿qué te parece este piso? Dos y tres dormitorios con piscina y garaje.

- Muy bien.

EPISODIO 6
La Universidad

- Perdona. Estoy buscando la Universidad, ¿podrías ayudarme, por favor?

- Claro, tú no eres de aquí, ¿verdad?

- No, soy alemana y me llamo Kerstin. Estoy haciendo turismo. Me han dicho que la Universidad de Salamanca es muy antigua y me gustaría verla.

- Es verdad. La Universidad es del año 1200. El edificio y la fachada son muy famosos. Yo voy para allá porque tengo que ir a clase. Si quieres vente conmigo y te lo enseño todo. Por cierto, soy Pilar.

- Ah, muy bien, así que estás en la Universidad. Y... ¿qué estudias?

- Soy de Derecho y estoy en cuarto.

- ¿En cuarto?

- Sí, en cuarto año o en cuarto curso.

- ¡Ah! Ahora lo entiendo. ¿Y cuántos años son en total?

- Bueno, la de Derecho es de cinco años. En general las de Letras son de cinco años, aunque algunas de Ciencias son de seis. ¡Vaya! Me tengo que ir a clase porque llego tarde. ¿Quieres venir conmigo?

- ¡Qué plaza más bonita!

- Sí, Salamanca es una ciudad histórica. De hecho, su Universidad es la más antigua de España. Aquí vivieron grandes intelectuales como Alfonso X el Sabio y Fray Luis de León.

- ¡Ah, sí! He visto sus estatuas en Madrid, enfrente de la Biblioteca Nacional.

- ¡Uy! Ahora me tengo que ir, pero si quieres hablamos luego. He quedado aquí, en la Plaza Mayor, con mis amigos esta noche.

- ¿A qué hora habéis quedado?

- A las nueve.

- Muy bien, así me dará tiempo esta tarde a ver cosas.

- ¡Jo, qué envidia! Bueno, yo me voy a clase. ¡Hasta luego, Kerstin!

- ¡Hasta luego, Pilar!

- Chao.

Audio

EPISODIO 0
Señas de identidad

1. Muchos años después, frente al pelotón de fusilamiento, el coronel Aureliano Buendía había de recordar aquella tarde remota en la que su padre lo llevó a conocer el hielo. Macondo era entonces una aldea de veinte casas de barro y caña brava construidas a la orilla de un río de aguas diáfanas que se precipitaban por un lecho de piedras pulidas, blancas y enormes como huevos prehistóricos. El mundo era tan reciente, que muchas cosas carecían de nombre, y para mencionarlas había que señalarlas con el dedo.

2. ¿Qué clase de loco podía ser el Quijote sino un loco español? Y aunque su talla descomunal y su demencia lo universalizan y de alguna manera lo hacen comprensible y admirable a todos los hombres del mundo, hay en él unos rasgos que únicamente podían darse en ese país a la vez brutalmente realista y mágicamente descabellado que es España.

3. Hoy, al entrar sólo vieron calles estrechas y sucias y casas sin ventanas, de un piso, idénticas entre sí, pintadas de amarillo y azul, con los portones de madera astillada. Sí, sí, ya sé, hay una que otra casa elegante, con ventanas que dan a la calle, con esos detalles que tanto les gustan a los mexicanos: las rejas de hierro forjado, los toldos salientes y las azoteas acanaladas. ¿Dónde estarían sus moradores? Tú no los viste.

Él ve a cuatro maceguales que llegan de Tlaxcala sin bastimento, con la respuesta seca. Los caciques están enfermos y no pueden viajar a presentar sus ofrendas al Teúl. Los tlaxcaltecas fruncen el entrecejo y murmuran al oído del conquistador: los de Cholula se burlan del Señor Malinche. Los tlaxcaltecas murmuran al oído de Cortés: guárdate de Cholula y del poder de México.

4. Sempre un ¡ah! prañideiro, unha duda,
un deseio, unha angustia, un delor...
É unhas veces a estrela que brila,
e outras tantas un raio de sol;
é que as follas dos árbores caen,
é que abrochan nos campos as frols,
i é o vento que zoa,
i é o frío, e a calor...
e n'é o vento, n'é sol, nin é o frío,
non e... que e tan só
a alma enferma, poeta e sensibre,
que todo a lastima, que todo lle doi.

5. Una niña llora sin demasiadas ganas. Las gallinas empiezan a recogerse: Un perro escuálido husmea los pies del viajero.

El viajero habla con la mujer del parador:
- ¿Cómo se llama este parador?
- No tiene nombre: Mi madre se llama Marcelina García.
El viajero no se desanima.
- ¡Buen castillo tienen ustedes aquí!
La mujer mira a los ojos del viajero.
- Sí, es muy antiguo.

6. El mar. La mar.
El mar. ¡Sólo la mar!
¿Por qué me trajiste, padre,
a la ciudad?
¿Por qué me desenterraste
del mar?

En sueños, la marejada
me tira del corazón.
Se lo quisiera llevar.
Padre, ¿por qué me trajiste acá?

7. La gran novetat és aquesta: posar-se d'esquena al gran foc de llenya; avançar cap a la porta, sentint en els pòmuls la duresa metàl·lica del fred, i tenir la visió sobtada, instantània, dels ametllers florits. Com vingueren aquestes flors? Ahir no hi eren. No hi havia més que un borrissol rosat d'una vaguetat sense pes. Nasqueren al conjur de la nit, potser al conjur de la calma de l'aire de la lluna plena. Tota forma és l'alliberació de la tensió que l'ha construïda. Aquestes llunes tan clares de gener i de febrer, la llum de les quals posa una punta de misteri sobre les parets emblanquinades, sobre les velles, desgavellades masies, que esquitxa d'irrealitat la cal·ligrafia nua dels arbres esvelts que fa una claror viva sobre els sembrats menuts -aquestes llunes tan clares, sobre les quals el temps navega d'una manera plàcida i tranquil·la, són propícies a la producció d'aquests misteris, a la distensió de les forces cegues. Aquests ametllers florits ens faran companyia uns quants dies. Pocs dies.

EPISODIO 1
La entrevista

SECUENCIAS DE LA VIDA REAL

C. Permanezca a la escucha

1. **Escuche la conversación telefónica para solicitar una entrevista de trabajo y complete el cuestionario** (p. 23).

- BELSA, dígame.

- Buenos días. Quería solicitar una entrevista en relación con el puesto de trabajo que ofrecen en el Departamento Financiero.

- ¿Puede darme sus datos para rellenar un formulario de preselección?

- Por supuesto.

- ¿Nombre y apellidos?

- Alejandro Brown.

- ¿Segundo apellido?

- Gaztelube.

- ¿Perdón? ¿Puede deletrearlo?

- Sí, claro. G-A-Z-T-E-L-U-B-E.

- Gracias. ¿Fecha de nacimiento?

- El 12 de agosto de 1972.

- ¿1972?

- Eso es.

- ¿Lugar de nacimiento?

- Nací en los Estados Unidos, en Boston, pero tengo la nacionalidad española.

- ¿Qué carrera ha estudiado?

- Estudié Ciencias Económicas en la Universidad de Lisboa y Derecho en la Universidad Autónoma de Madrid.

- ¿Experiencia profesional?

- He sido becario en la Universidad de Lisboa. Hace dos años empecé a trabajar en un banco portugués, en el Departamento Financiero, y seguí dando clase en la universidad.

- ¿Otros conocimientos?

- Sí. Tengo conocimientos de informática a nivel de usuario y hablo inglés y portugués, además del español, claro.

♦ Muy bien. Cumple usted todos los requisitos. ¿Puede venir el día 15, a las diez de la mañana, para la entrevista?

• De acuerdo. ¿Qué documentación tengo que llevar?

♦ Tiene que traer su Documento Nacional de Identidad o el pasaporte y su currículum.

• Muchas gracias.

ENCUADRE GRAMATICAL

B. 1. Escuche y marque la frase correcta (p. 26).

1. ¿Estuviste escuchando la conferencia?

2. ¡Has estado durmiendo todo el día!

3. Ustedes están trabajando bien.

D.1. Escuche las instrucciones para matricularse en un curso de español y señale el orden correcto (p. 27).

Primero debe pedir en secretaría el impreso de autoliquidación que tiene que rellenar con sus datos personales.

Luego hay que ir al banco BGN para pagar la matrícula.

Después tiene que volver a la secretaría de los cursos para entregar el impreso de matrícula, una fotocopia del pasaporte y seis fotografías.

A continuación usted recibirá el resguardo de la matrícula, cuatro fichas de clase para cada uno de los profesores, la guía de servicios de la universidad y su carné de estudiante.

Finalmente tiene que ir al aula 308 para hacer un examen de clasificación. Si va a hacer el curso de iniciación, no tiene que hacer el examen.

Muchas gracias por haber elegido nuestros cursos para aprender español. Le deseamos mucho éxito.

SE RUEDA

B.2. Escuche y complete los datos de la carta de presentación (p. 31).

A quien pueda interesar:

Tenemos el gusto de presentarles a Doña María López Jerez, alumna de nuestra Universidad, de Ciudad de México, en la que ha obtenido el título de Egresada, en el curso 2002-2003.

La admisión a nuestro centro está restringida a alumnos con calificación media de Notable y el hecho de haber sido admitida evidencia su magnífica preparación académica.

A lo largo de estos cursos ha mostrado un gran interés por sus estudios, siendo especialmente destacable su capacidad de iniciativa en el período de prácticas, así como el rigor mostrado en el trabajo de investigación realizado para la obtención del título.

Por todo ello, recomendamos que sea aceptada su solicitud para realizar estudios de Doctorado en una universidad española.

Aprovechamos la ocasión para saludarles atentamente.

EPISODIO 2
De paseo por Madrid

SECUENCIAS DE LA VIDA REAL

C. Permanezca a la escucha

1. Escuchen la presentación del curso de lengua y cultura españolas en el que se han matriculado

y señalen el tipo de actividad programada y los consejos y recomendaciones (p. 39).

Buenos días y bienvenidos a nuestra universidad. Me llamo Nieves Aguilar y soy la coordinadora del programa de actividades complementarias.

Nuestro programa incluye visitas a los principales museos de Madrid, a la Bolsa, a un banco y a un periódico, así como la asistencia a un concierto de música española y a un espectáculo de baile flamenco. Sus profesores de arte, de español comercial y de música les acompañarán en estas visitas.

Los fines de semana haremos excursiones a El Escorial, Aranjuez, Segovia, Ávila y Toledo.

Ahora, les vamos a repartir una carpeta con un mapa de España y un plano de la ciudad, con las líneas de metro y de autobús, así como una pequeña guía con información sobre los sitios de interés de Madrid y sus alrededores.

También quisiera darles algunos consejos prácticos. Para desplazarse por la ciudad, además de los taxis, pueden utilizar los autobuses, que cubren toda la ciudad y la periferia, y el metro, que es el medio de transporte más rápido. Les recomendamos que compren el bono metrobús, válido para diez viajes. Lo pueden adquirir en las estaciones de metro o en los estancos.

Para conocer las distintas zonas de nuestra ciudad -los madriles-, lo mejor sería tomar uno de los autobuses turísticos que recorren la ciudad. Tienen tres rutas. La ruta nº 1 hace un recorrido histórico, desde el Madrid medieval y de los Austrias hasta el Madrid del siglo XX. La ruta nº 2 parte del Museo del Prado y recorre el Madrid de los siglos XVIII, XIX y XX, pasando por la plaza de Cibeles, la Biblioteca Nacional y la Plaza de Colón, hasta llegar a los edificios más modernos, donde radican importantes corporaciones del mundo financiero. Finalmente, la ruta nº 3 corresponde al Madrid monumental. Es un recorrido circular que pasa por los lugares más representativos de la capital de España.

Si quieren visitar los alrededores de Madrid, pueden utilizar los autobuses interurbanos o los trenes de cercanías, que salen de las estaciones de Atocha y de Chamartín.

Les deseamos que disfruten y aprovechen al máximo su estancia entre nosotros. ¡Ah! Y les recomendamos que tengan cuidado con sus pasaportes y carteras.

ENCUADRE GRAMATICAL

D.1. Subraye la forma correcta del comparativo y, a continuación, escuche el texto de la postal para comprobarlo (p. 44).

Espero que no haga tanto calor ahí como aquí. En Madrid hace más calor que en Málaga. Ayer cogimos un autobús turístico para conocer la ciudad porque es menos caro que un taxi. Hicimos el recorrido panorámico más largo de todos, desde el hotel hasta el Palacio Real. Es una ciudad grandísima. La ruta seguía el Madrid histórico y pasaba por el monumento a Cervantes, el Jardín Botánico, el Museo del Prado, el Reina Sofía y el Thyssen. También recorría los barrios más elegantes e interesantes de la ciudad. El guía nos iba sugiriendo los monumentos más importantes que tenemos que ver. ¡Ojalá tengamos tiempo!

Para mí, lo más curioso es la parte antigua.

Te hemos comprado unos regalos preciosos: una cazadora y un bolso (¡los más bonitos que había en la tienda!). También te llevamos muchas postales para tu colección.

Un beso.

Mamá y papá

SE RUEDA

A.1. Escuche la información del guía y señale los lugares y monumentos que se mencionan para adivinar el número de la ruta (p. 46).

A su derecha, en la Plaza de Oriente, pueden ver el Palacio Real, llamado de Oriente. Les sugiero que lo visiten esta tarde o mañana para admirar las innumerables obras de arte que contiene. A su izquierda está el Teatro Real, recientemente reformado. Su escenario es uno de los más grandes del mundo. Desde aquí comienza el itinerario del Madrid de los Austrias. A su derecha e izquierda, pueden ver las pintorescas tiendas que venden de todo. Estamos en El Rastro, uno de los mercados al aire libre más famoso del mundo.

Por ese Arco se entra a la Plaza Mayor, del siglo XVII. En ella se organizaban mercados, verbenas populares y corridas de toros. También es una zona muy apropiada para disfrutar de la gastronomía madrileña más tradicional: las tapas y las raciones. Y ésta es la Puerta del Sol, que, como ven, no tiene ninguna puerta. El reloj que hay en ese edificio de la derecha, la antigua Casa de Correos, es el encargado de dar las campanadas que señalan el Año Nuevo. El día 31 de diciembre es tradicional que los madrileños -y muchos turistas- vengan a esta plaza a tomar las doce uvas de la suerte y brindar por el nuevo año.

Desde aquí nos vamos al Paseo del Arte, el itinerario artístico formado por tres museos de fama mundial: el Museo del Prado, el Museo de Arte Reina Sofía y el Museo Thyssen-Bornemisza. Si lo desean, pueden bajarse aquí para visitarlos. También les recomendaría pasear por este Barrio de las Musas, así llamado por encontrarse en él las casas de Cervantes, el autor de *Don Quijote*, de Quevedo, el originalísimo autor español de obras en prosa y en verso del siglo XVII, y de Lope de Vega, escritor del Siglo de Oro que cultivó todos los géneros, especialmente el teatro. Al lado del Museo del Prado está la Real Academia de la Lengua.

En este momento pasamos por el Jardín Botánico en dirección a La Cibeles y la Puerta de Alcalá para llegar hasta el parque de El Retiro.

EPISODIO 3
La prensa en español

SECUENCIAS DE LA VIDA REAL

C. Permanezca a la escucha

1. Escuche la programación de la tertulia radiofónica y señale el orden en el que aparecen los contenidos (p. 55).

Queridos amigos:

Muy buenas tardes y bienvenidos a nuestra tertulia de El Faro. Esta tarde tenemos el placer de recibir a muchos invitados. En primer lugar, tenemos el análisis de nuestro experto en Economía sobre las consecuencias de la introducción de la moneda única, el euro.

Luego, se explicarán los orígenes y causas del conflicto en Oriente Medio, en el marco de la política internacional. Después, viene la opinión del sociólogo sobre el incremento de la delincuencia y la violencia en nuestra sociedad. Además, después de una breve pausa para la publicidad, tenemos los consejos de nuestro doctor para prevenir la gripe, y los comentarios deportivos de nuestra Redacción de deportes.

Antes de terminar nuestra tertulia, dos intervenciones más: nuestra cronista Rosa trae el cotilleo más reciente de los famosos y, finalmente, nuestras sugerencias y recomendaciones de lectura y exposiciones para este fin de semana.

4. Escuche algunos extractos de la tertulia y relacione las intervenciones con el titular correspondiente de un periódico de ese día (p. 55).

Tal y como se esperaba, el Real Madrid consiguió imponerse a su más directo rival y llevarse ese título más simbólico que real. Su entrenador cree que esto es debido a la buena preparación física y mental de estos magníficos jugadores. Es decir, por su calidad y por su mentalidad de campeones.

En primer lugar, se debería prevenir mediante la vacunación y, por supuesto, evitando el contagio directo.

Para esta semana les sugeriría dos actividades: visitar la exposición conmemorativa del arquitecto Antonio Gaudí, con motivo del 150 aniversario de su nacimiento, y leer la nueva edición de la *Poesía Completa* de Luis Cernuda.

El euro es la moneda única que se usa en los países de la Unión Europea, así que tiene muchas ventajas cuando se viaja o se hace una transferencia bancaria, porque, al no tener que cambiar de moneda, no hay que pagar comisiones.

Personalmente, yo creo que el incremento de la violencia en nuestra sociedad es debido a la evolución de la propia sociedad y a que...

ENCUADRE GRAMATICAL

C.3. Lea las tareas que corresponden a la elaboración de un periódico y compruebe el vocabulario. A continuación, escuche las explicaciones de la rutina diaria y anote el orden de las tareas y el responsable de cada actividad (p. 59).

La elaboración de un periódico diario es una tarea compleja, ya que se necesita la perfecta coordinación de los medios humanos y de los medios materiales. Así se hace un periódico:
A las diez y media de la mañana, se celebra la primera reunión del día. El equipo de dirección revisa el trabajo del día anterior y prepara lo que va a ser la edición del día siguiente. Los redactores se concentran en la actualidad del día. Desde las nueve de la mañana, la centralita telefónica ha estado recibiendo llamadas con noticias que pueden ser interesantes.
Hacia las dos de la tarde, tiene lugar otra reunión en la que el director y los jefes de las secciones discuten los contenidos más relevantes para redactar un editorial.
Los programas de radio y televisión, la cartelera de cine y teatro y los reportajes se producen con algunas horas de antelación e, incluso, varios días antes.
En la última reunión del día, al atardecer, se decide el tema que tiene la suficiente importancia como para ir en la portada. También, se decide el diseño de esta primera página.

Previamente, el redactor jefe tiene la maqueta de todas las páginas con el espacio asignado a la publicidad.

Mientras tanto los redactores terminan las informaciones, que van acompañadas de fotografías, mapas, etcétera. Los jefes supervisan los titulares de las noticias.

Alrededor de las diez de la noche es la hora del cierre de la edición nacional y se envían las páginas a los talleres para ser impresas, ya que, a partir de las cinco y media de la mañana, se distribuyen los ejemplares por todo el territorio.

SE RUEDA

A.1. Escuchen la información que se proporciona durante la visita al periódico *El Globo* y tomen notas para contestar a las siguientes preguntas (p. 62).

¡Hola! Me llamo Paloma Toledo y tengo el gusto de darles la bienvenida en nombre de *El Globo*. En primer lugar, deben saber que los diarios de información general distribuyen sus contenidos en áreas temáticas especializadas que se denominan "secciones". Cada sección cuenta con un número de redactores que se encargan diariamente de elaborar las páginas de dicha sección. A continuación vamos a visitar las secciones de nuestro diario.

La primera página es la portada de un periódico, que sirve de resumen de los contenidos que se desarrollan en el interior. En su parte superior, aparece la cabecera del diario con el nombre y la fecha.

La sección de Opinión va siempre la primera, en dos o más páginas. Representa la opinión del diario, como institución social y política, sobre los temas de actualidad, tanto en los editoriales -que no llevan firma- como en los espacios cedidos a prestigiosos escritores y periodistas. Los lectores pueden expresar su opinión en las Cartas al Director.

Internacional es la sección destinada a la política internacional. Esta información procede de los corresponsales en el extranjero. La sección de Nacional cubre la actualidad de la vida política y jurídica del país.

Las noticias relacionadas con sucesos, accidentes, ciencia, medio ambiente, enseñanza, etcétera, se redactan en la sección de Sociedad.

Una de las secciones más importantes es la de Deportes, que se encarga de la información sobre fútbol, tenis, natación, campeonatos, etcétera. Por su parte, la sección de Cultura se encarga de difundir las noticias relacionadas con el teatro, cine, música, bellas artes, literatura y pensamiento.

La sección de Local constituye un cuadernillo aparte destinado a proporcionar información sobre los acontecimientos que se producen en la ciudad o comunidad autónoma. En esta sección se puede consultar la cartelera de espectáculos.

Todos los asuntos relacionados con la empresa y los negocios, finanzas, banca y bolsa, se pueden encontrar en la sección de Economía. Finalmente, está la sección destinada a reproducir los programas de los canales de televisión y de las emisoras de radio.

Espero que la visita haya resultado interesante. ¡Hasta pronto!

EPISODIO 4
En un restaurante

SECUENCIAS DE LA VIDA REAL

C. Permanezca a la escucha

1. Escuche los diálogos y señale la intención de los hablantes en cada situación (p. 71).

a) ♦ ¡Qué rico está este arroz con leche! ¡Te felicito! Bueno... Toda la cena ha sido exquisita.
 • Muchas gracias. Es una receta asturiana.
 ♦ ¡Hum! Es delicioso. Tienes que darme la receta.

b) ♦ Perdone. Creo que hay un error en la factura. Nosotros no hemos tomado vino.
 • Le ruego que nos disculpe. Es un error de facturación.

c) • ¿Qué van a tomar los señores?
 ♦ ¿Qué son los escalopines a la crema?
 • Es una especialidad de la casa. Son escalopes de solomillo con una salsa de queso de Cabrales.
 ♦ Me encanta el queso de Cabrales. Tomaré eso.

d) • ¿Les apetece algún licor a los señores?
 ♦ Pues sí. ¿Cuál es el licor típico de aquí?
 • Hay varios aguardientes, pero yo les recomendaría el licor de hierbas. Es muy suave.
 ♦ ¡Estupendo! Para mí un licor de hierbas.
 • ¿Y para la señora?
 ♦ No, gracias. No tomaré nada.

e) • ¡Qué calor hace! Te invito a una horchata.
 ♦ ¿Qué es eso?
 • ¿No has probado nunca la horchata?
 ♦ No. ¿Es de comer o de beber?
 • Es una bebida refrescante que se hace con chufas y almendras machacadas y mezcladas con agua y azúcar. Es deliciosa.
 ♦ ¡Ah, ya sé! Típica de Valencia, ¿no?

f) Una de las costumbres navideñas de los españoles consiste en intercambiarse décimos de lotería. En Nochebuena, toda la familia se reúne para cenar. La Nochevieja es otra cosa porque, después de cenar y tomar las doce uvas, la fiesta está en la calle.

ENCUADRE GRAMATICAL

B.1. Forme frases de relativo según el ejemplo y escuche la grabación para corregir sus respuestas (p.74).

Cuenta la leyenda azteca que Quetzalcóatl, el dios bondadoso y jardinero del paraíso, regaló a los hombres el árbol del cacao, que daba fuerzas y curaba enfermedades, cuyas habas también se utilizaban como moneda.

Los europeos no conocieron el cacao hasta que Hernán Cortés probó, en 1519, el xocolatl, que significa "agua amarga", el cual se lo ofrecieron los aztecas en la corte de Moctezuma con todos los honores, y cuyo sabor no fue apreciado por Cortés.

Algunos monjes -que viajaban en la expedición de Cortés-, introdujeron el cacao en España, cuya popularidad se debe a que se convirtió en la bebida oficial de la corte española.

En el siglo XVII, Luis XIII de Francia se casó con la infanta española Ana de Austria, que tenía la costumbre de tomar chocolate y cuya costumbre se introdujo en la corte francesa. El chocolate se solía hacer a la española (muy espeso y mojando pasteles) o a la francesa (muy líquido y mezclado con agua o crema).

A finales del siglo XVIII, llegó a las cortes inglesa y alemana la costumbre del chocolate, que se tomaba con leche y azúcar, y cuyo consumo se extendió entre las clases altas.

C.3. Escuche la presentación de las comidas y bebidas que se pueden degustar en una Feria Gastronómica Hispanoamericana y señale los platos. A continuación, escriba el gentilicio correspondiente a cada grupo (p. 76).

Les damos la bienvenida a esta Feria Gastronómica Hispanoamericana en la que podrán degustar algunas de las comidas y bebidas más típicas de nuestra cocina.

Entre otras especialidades de la cocina latinoamericana, destacamos el Ajiaco (pollo con verduras), el arroz con plátano frito, el lechón asado y el ron del pabellón de Cuba. Perú les propone el delicioso Cebiche (pescado con limón) y Colombia sus arepas, el aguardiente con trocitos de fruta y su delicioso tinto (café). México trae sus enchiladas (carne con chiles), tortillas de maíz, tacos de solomillo y el mole de guajolote (pavo). Sin olvidarnos del mezcal y el tequila. Venezuela aconseja su Reina pepiada (arepa de pollo), frutas y ron. Y, para terminar, los estupendos churrascos, el dulce de leche y un mate, todo ello en el stand de Argentina.

La ruta que proponemos para conocer la cocina española comienza por el norte. En el País Vasco hay que probar el bacalao, la merluza y las angulas. En Asturias, la fabada y la sidra. En el stand de Galicia se suele tomar empanada, pulpo a feira y vino de Ribeiro, además del marisco. Otro día pueden probar el cochifrito y la fruta escarchada de Aragón, o el cordero asado de Castilla con vinos de la Ribera del Duero.

En el pabellón de Andalucía tienen unas tapas muy variadas para tomar con el gazpacho y, después, el pescaíto frito. En el pabellón de Madrid también hay muchas tapas y, naturalmente, el cocido y el fresón de Aranjuez. Cataluña sugiere tomar un plato de embutidos y el pan tumaca y, de postre, crema catalana. Todo ello regado con cava. Valencia nos trae los distintos tipos de arroz de la región y, de las Islas Baleares, hay que probar la coca y la ensaimada. Las Islas Canarias proponen el conejo en salmorejo, las papas arrugadas con mojo y sus estupendos plátanos.

SE RUEDA

B.2. Un grupo ha decidido ir a tomar unas tapas. Escuche lo que piden los clientes y corrija la nota del camarero (p. 79).

Camarero: Buenas noches. ¿Qué van a tomar los señores?

Cliente: ¿Qué tapas tienen?

Camarero: Tenemos un menú degustación para dos personas y, además, boquerones, pulpo, caracoles, jamón serrano, queso, *pan tumaca* con anchoas, tigres...

Cliente: ¿Qué son los tigres?

Camarero: Son mejillones con una salsa picante de tomate y cebolla.

Cliente: ¿Tienen callos?

Camarero: Somos especialistas en callos a la madrileña. También hay pinchos de tortilla y de bacalao.

Cliente: ¿Y raciones?

Camarero: Tienen de ensaladilla rusa, lomo, bonito, chorizo, patatas bravas...

....

Cliente: ¿Nos toma nota, por favor?

Camarero: Dígame:

Cliente: Nos va a traer 6 tigres, tres tapas de callos y cuatro de pan con tomate y anchoas... Y una ración de jamón y otra de ensaladilla rusa.

Camarero: ¿Para beber?

Cliente: Dos cañas y una sangría.

Mujer: Yo prefiero una cola con mucho hielo.

Camarero: Entonces, la sangría, una caña y una cola.

_____

Cliente: Camarero, por favor.

Camarero: ¿Qué desean?

Cliente: Nos va a traer la cena degustación para dos personas.

Camarero: Muy bien. Muchas gracias.

B.3. Escuche los comentarios y anote las palabras clave para adivinar el restaurante en el que han estado (p. 79).

a) Solíamos ir a un pequeño restaurante que tenía un vino Chianti fabuloso. Siempre tomábamos lasaña y, de postre, un sorbete de pétalos de rosa.

b) Este restaurante nos encanta porque puedes tomar todo tipo de ensaladas del buffet y una gran variedad de carnes que te presentan en espadas largas. Además, hay música en vivo.

c) Cenamos en una terraza muy agradable. Primero tomamos unas tapas y, después, pedimos sardinas y una tortilla de bacalao. Todo ello con sidra fresquita.

d) Anoche no teníamos ganas de salir, así que pedimos por teléfono sushi, tempura y arroz y nos quedamos en casa viendo una película.

ARCHIVO DE PALABRAS

3.a. Escuche el poema y marque la entonación exclamativa (p. 82).

Honrada eres
como
una mano
que trabaja en la tierra,
familiar
eres
como
una gallina,
compacta como un queso
que la tierra elabora
en sus ubres
nutricias,
enemiga del hambre,
en todas las naciones
se enterró su bandera
vencedora
y pronto allí,
en el frío o en la costa
quemada,
apareció

tu flor
anónima
enunciando la espesa
y suave
natalidad de tus raíces.

Universal delicia,
no esperabas
mi canto,
porque eres sorda
y ciega
y enterrada.
Apenas
si hablas en el infierno
del aceite
o cantas
en las freiduras
de los puertos,
cerca de las guitarras,
silenciosa,
harina de la noche
subterránea,
tesoro interminable
de los pueblos.

EPISODIO 5
Los problemas de la vivienda

SECUENCIAS DE LA VIDA REAL

C. Permanezca a la escucha

1. Escuche la conversación telefónica y señale los pisos que ofrece el agente inmobiliario al cliente (p. 87).

Agente: Inmobilia, ¿dígame?

Cliente: Buenos días. Le llamo para saber qué pisos tienen disponibles.

Agente: ¿Amueblado o sin amueblar?

Cliente: Vacío. Tengo mis propios muebles.

Agente: ¿Qué zona de la ciudad le interesa?

Cliente: No estoy muy seguro. La zona oeste, quizás.

Agente: Lo lamento mucho, pero no tenemos ninguno por esa zona. Si hubiera llamado usted la semana pasada, le habríamos ofrecido varios.

Cliente: La verdad es que no me importa la zona. Sólo quiero que esté bien comunicado.

Agente: ¿Cuántas habitaciones necesita?

Cliente: Como mínimo tres dormitorios y dos baños. También quiero que tenga garaje y jardín... Es que tengo dos niños pequeños.

Agente: Vamos a ver... Sí, tenemos un piso nuevo, a estrenar. Está en la zona norte. Tiene 145 metros cuadrados. Es un tercero, con dos ascensores, salón, comedor, cocina, tres dormitorios, dos baños, dos terrazas, parking, jardín privado y piscina comunitaria.

Cliente: ¿Cuánto es el alquiler mensual?

Agente: Son 1.330 euros al mes.

Cliente: ¿Tiene alguno con una renta más baja?

Agente: Tenemos otro por esa zona, que es un poco más pequeño, 135 metros cuadrados. Tiene un salón-comedor, con terraza, cocina, tres dormitorios, dos baños, aparcamiento y jardín. No tiene piscina. La renta es de unos 1.100 euros al mes.

Cliente: ¿Cuándo podría verlo?

Agente: En este momento está libre. Así que, si lo desea, puedo enseñárselo esta tarde.

Cliente: No, esta tarde no puedo. ¿Le viene bien mañana, a las cinco?

Agente: Un momentito... Sí, perfecto. ¿Me dice su nombre, por favor?

Cliente: Me llamo Marcelo Silveira. Mi teléfono móvil es el 668 345 289.

Agente: Muy bien. Tome nota de la dirección, por favor. Es Paseo de Gracia, 15, 5º A. Le espero mañana, a las cinco de la tarde, en el portal. ¿De acuerdo?

Cliente: De acuerdo. Otra cosa, en el caso de que me interese, ¿cuándo podría entrar?

Agente: Si le gusta el piso, puede firmar el contrato y entrar la semana próxima.

Cliente: ¡Estupendo! Hasta mañana.

Agente: Adiós, buenos días.

ENCUADRE GRAMATICAL

A.2. ¿Qué tipo de vivienda necesitan?

Escuche y anote las necesidades de cada persona. A continuación, estudie los anuncios de venta y alquiler inmobiliario para encontrar la solución más conveniente para cada uno (p. 89).

a) Estudiante extranjero busca apartamento. Un dormitorio, exterior, con garaje, cerca de la universidad. Alquiler.

b) Diplomático necesita alquilar chalé, zona elegante, amplio jardín y piscina. Mínimo cinco dormitorios.

c) Urge comprar piso céntrico y luminoso. Tres dormitorios, dos baños, garaje. Aire acondicionado. Agencia.

d) Necesito comprar amplio piso zona centro de Buenos Aires, dos dormitorios.

e) Urgente, alquiler de departamento en Buenos Aires, amueblado, living y comedor, escritorio, 2 dormitorios, lavadero.

C.1. Escuche los siguientes comentarios e indique el grado de probabilidad (p. 92).

a) Coge el paraguas. Seguramente llueve en París.

b) He visto un traje precioso. A lo mejor me lo compro.

c) Quizás, quizás, quizás.

d) No creo que podamos ir a tu boda.

e) Puede que volvamos a vernos.

f) Creo que vamos a cenar fuera de casa.

SE RUEDA

B.2. Escuche y numere las viviendas según el orden en que se describen (p. 95).

a) ¡Ocasión! Chalé independiente, una sola planta, 220 m² construidos, 4 dormitorios, precioso salón, amplio despacho, comedor, porche, garaje y piscina, inmenso jardín.

b) Luminoso piso de 95 m², amueblado, dos dormitorios, un baño, cocina con tendedero, amplia terraza, calefacción y aire acondicionado, bonitas vistas, piscina, tenis, trastero.

c) Céntrico pisito de 40m², preciosos muebles, un dormitorio, estudio pequeño, cocina, baño, parqué, calefacción.

d) ¡Oferta! Piso recién reformado. Dos habitaciones, cocina con todos los electrodomésticos, amplio salón-comedor. Terraza 20 m². Piscina comunitaria.

C.2. Escuchen la encuesta hecha a algunas personas sobre el rincón favorito de la casa y los colores. Anoten sus respuestas (p. 96).

a) ¿Cuál es su habitación favorita y por qué?

1. Me gusta mucho el comedor, porque es donde nos reunimos toda la familia. También me gusta el baño para relajarme.

2. El salón, porque es un lugar de encuentro.

3. La cocina-comedor, porque en ella me reúno con mi familia y mis amigos.

4. Es el salón, porque es el sitio donde hay más movimiento.

b) Mencione las cosas fundamentales que necesita para estar cómodo.

1. No puedo vivir sin luz natural y sin un buen baño.

2. Me gustan las flores y los cuadros.

3. La televisión y mis libros.

4. Las plantas exóticas y mi aparato de música.

c) ¿Cree que el color influye en la comodidad de una casa?

1. Desde luego. Los tonos blancos y grises dan luminosidad.

2. Necesito el blanco, porque transmite serenidad y orden.

3. A mí me gustan los colores cálidos. Los colores marrones, tierra, arena.

4. Sí, definitivamente. Yo prefiero los verdes y los azules... Todos los colores que evoquen el mar.

EPISODIO 6
La Universidad

SECUENCIAS DE LA VIDA REAL

C. Permanezca a la escucha

2. Escuche la segunda versión de las comunicaciones y anote el verbo que falta en cada uno de los mensajes. Especifique cuál es el tiempo verbal modificado (p. 103).

a) Tita comunicó a Germán que le adjuntaba un fichero aparte con sus ideas para el congreso y le preguntó si podía decirle el teléfono de Esperanza.

b) La prensa informaba de que 152 colegios públicos abrirían en días no lectivos a partir del curso siguiente.

c) La última noticia que les había llegado a la redacción de radio-televisión sobre la erupción del volcán Nyragongo, confirmaba que más de 50.000 personas se habían quedado sin hogar.

d) Esperanza preguntó a María que qué le había pasado y le dijo que pensaba que no llegaba a clase. María explicó a Esperanza que, cuando iba a salir de casa, había llamado una amiga del colegio y habían estado cotilleando un poco.

e) Nieves dejó un mensaje en el contestador a José Carlos porque llevaba dos días intentando localizarle y le pedía que la llamara esa noche.

ENCUADRE GRAMATICAL

A.2. Escuche la conversación y escriba las palabras que faltan. Tenga cuidado con las tildes (p. 104).

Chico: Tengo que tomar una decisión y no sé qué hacer. ¿Podrías ayudarme?

Chica: Por supuesto, cuenta conmigo. Cuéntame.

Chico: Es que me han dado una beca para estudiar y no sé si aceptarla o no.

Chica: No lo dudes. Acéptala.

Chico: Es que es en el Colegio de México, en México.

Chica: Está un poco lejos, pero es una oportunidad. Además, si quieres, puedo ir a visitarte. ¿Conoces a alguien allí?

Chico: Sí. Mi primo está estudiando Arquitectura allí.

Chica: ¿Por qué no le llamas para pedirle información?

Chico: Tienes razón. Voy a mandarle un correo electrónico.

Chica: ¡Mándaselo! ¡Venga! Mejor dicho, ¡ándele!

Chico: Ahora mismito lo hago. Gracias por tu idea. Vendrás a verme, ¿verdad?

C.2. Escuche los comentarios de algunos estudiantes y adivine las carreras que están estudiando (p. 108).

a) Me encanta el Mercantil, aunque es muy difícil. Con lo que no puedo es con el Canónico.

b) A pesar de que el profesor es muy serio, mi clase favorita es la de Arte Gótico.

c) Por más que madrugo, nunca llego a tiempo a Anatomía.

d) Aun cuando aprobase Macroeconomía, me quedarían dos asignaturas más para septiembre.

e) Pepe es terrible. Aunque es imposible copiar en Latín, él siempre lo intenta.

f) A pesar de que me estudié muy bien a Kant, en el examen no me acordaba de nada.

g) Me encanta todo el programa de Literatura Latinoamericana contemporánea, si bien la poesía me gusta menos.

SE RUEDA

A.1. Escuche la conversación telefónica y complete el resumen de la misma (p. 110).

Profesora: ¿Dígame?

Alumna: Buenos días. ¿Doctora Náñez, por favor?

Profesora: Sí, soy yo. ¿Quién es, por favor?

Alumna: Me llamo Susan White y estoy haciendo un curso de especialización en literatura española.

Profesora: ¡Ah! Muy bien. ¿Qué desea?

Alumna: Verá... Es que tengo que hacer un trabajo de investigación y desearía hacerlo sobre Federico García Lorca.

Profesora: ¡Ya! ¿Y en qué puedo ayudarle?

Alumna: Pues, como usted es especialista en este autor, me gustaría que me orientase un poco. ¿Podría recibirme esta tarde?

Profesora: No. Hoy es imposible. Lo siento mucho, pero, precisamente, esta tarde tengo que dar una conferencia sobre el teatro de García Lorca.

Alumna: Ya comprendo... Oiga, Doctora Náñez, ¿podría asistir yo a esa conferencia?

Profesora: Desde luego. Esto... estoy pensando que, aunque estoy muy ocupada, antes o después de la conferencia, podríamos hablar.

Alumna: ¡Estupendo! Muchísimas gracias. ¿Dónde es la conferencia?

Profesora: Aquí mismo, en el paraninfo de la Universidad. A las siete y media.

Alumna: Muy bien. Entonces, ¿a qué hora podría recibirme?

Profesora: Vamos a ver... ¿Le viene bien a las seis?

Alumna: Perfectamente. En su despacho, ¿verdad?

Profesora: Eso es. Está en la planta quinta, departamento de Literatura Española. Otra cosa, mañana hay una representación de *La casa de Bernarda Alba*, de García Lorca y, si lo desea, puede asistir.

Alumna: Muchas gracias.

Profesora: ¡Hasta luego, señorita White!

B.2. Complete el texto de la presentación de los servicios de la biblioteca universitaria con los términos del ejercicio anterior y, a continuación, escuche la grabación para corregir su texto (p. 111).

Nuestra biblioteca es una unidad de apoyo a la docencia y a la investigación. Los profesores, becarios, alumnos y personal de administración pueden utilizar el servicio de préstamo. Para el préstamo personal es necesario tener el carné de la biblioteca. Están excluidas de préstamo las obras de referencia, las publicaciones periódicas, los libros antiguos y raros y los documentos audiovisuales.

La biblioteca tiene unos catálogos (ficheros) que reflejan los libros que posee. El catálogo de autor está ordenado alfabéticamente por apellidos. El catálogo de títulos recoge las obras literarias por orden alfabético. El catálogo de materias designa el contenido de los libros. La Clasificación Decimal Universal (CDU) es la clasificación internacional que asigna un número determinado a cada materia, agrupándolas por ramas de conocimiento. Los fondos que integran la colección de referencia, colocada en libre acceso, consisten en bibliografías, catálogos, diccionarios, enciclopedias, anuarios, directorios y guías.

La mediateca facilita el visionado y la audición de todos los fondos audiovisuales. La hemeroteca conserva las publicaciones periódicas de diversas áreas temáticas. El catálogo está informatizado y existen terminales de ordenador para efectuar búsquedas en las bases de datos. También es posible consultar el catálogo a través de Internet. El lugar destinado para el acceso a Internet y las bases de datos en CD-ROM se encuentra en la Biblioteca general. El servicio de información bibliográfica ofrece cursos de formación de usuarios.

C.1.
Adiós, adiós, adiós,
Ciudad de mi querer,
Donde con ilusión mi carrera empecé.
Adiós mi Universidad
Cuyo viejo reloj
No volveré a escuchar.
Adiós mi Universidad
Cuyo reloj
No volveré a escuchar.

Las calles están mojadas
Y parece que llovió.
Son lágrimas de una niña
Por el amor que perdió.

(Estribillo):
Triste y sola
Sola se queda Fonseca

Triste y llorosa
Queda la Universidad.
Y los libros
Y los libros empeñados
En el monte
En el Monte de Piedad.

No te acuerdas cuando te decía
A la pálida luz de la luna,
Yo no puedo querer más que a una
Y esa una, mi vida, eres tú.

(Estribillo)

ARCHIVO DE PALABRAS

2. Escuche las conversaciones y anote el nivel de cada alumno (p. 114).

a) Mi hijo Dani cumple cinco añitos y se ha quedado en casa para celebrarlo.

b) Todavía me quedan dos años para terminar Veterinaria.

c) Mis padres quieren que estudie el bachillerato para ir a la Universidad, pero yo prefiero hacer un módulo profesional.

d) Hemos quedado con la tutora de segundo de la ESO para hablar de Sofía, porque tiene problemas de aprendizaje.

e) • ¿Cuánto te queda para terminar la tesis?
   ♦ La presento este mes.

f) El trabajo de Física me ha quedado muy bien. Espero terminar el bachillerato con Sobresaliente.

Primer Plano 3

Documentos

MINISTERIO
DE EDUCACIÓN
CULTURA Y DEPORTE

ANEXO

SOLICITUD DE BECA O AYUDA PARA PRIMER CURSO DE ESTUDIOS UNIVERSITARIOS. CURSO 2002-2003

FASE ☐

PRESENTACIÓN DE SOLICITUDES: En el Centro donde está matriculado el alumno durante el curso 2001-2002.
No cumplimente los espacios sombreados. Están reservados a la Administración

UNIVERSIDAD DONDE REALIZARÁ LAS P.A.U. ....

DATOS PERSONALES

PRIMER APELLIDO

SEGUNDO APELLIDO

NOMBRE

CORREO ELECTRÓNICO ....

TIPO DE VÍA (*)

DOMICILIO FAMILIAR: NOMBRE DE LA VÍA

NÚMERO   ESCALERA   PISO   LETRA   LOCALIDAD   C.POSTAL   PROV.

FECHA DE NACIMIENTO   SEXO   NIF DEL SOLICITANTE   TELEFONO
DIA   MES   AÑO   H   M

(Acompañar fotocopia)

MARQUE UNA X DONDE CORRESPONDA:
POSEE ALGÚN TÍTULO ACADÉMICO   SI ☐   NO ☐   ESPECIFIQUE CUÁL ....

Cuenta o Cartilla y Entidad donde desea percibir la beca: El solicitante deberá ser titular o cotitular de la cuenta.
No olvide adjuntar fotocopia del CCC (Código Cuenta Cliente), que le facilitará su Entidad Bancaria.

ENTIDAD   OFICINA   DIGITO CONTROL   NUMERO DE CUENTA

DATOS A CODIFICAR POR LA ADMINISTRACIÓN

DEDUCCIONES:

Nº de miembros computables

Emigrantes

Tipo de ingresos

EUROS   CENTIMOS

Ingresos obtenidos por
Unidad Familiar en extranjero

Familia Numerosa   Nº Hermanos
Familia numerosa

Minusvalía 33%

Minusvalía 65%

Hermanos universitarios

Orfandad Absoluta

EUROS   CENTIMOS   EUROS   CENTIMOS   EUROS   CENTIMOS

(*) Consigne una de las siguientes opciones: 1: Calle; 2: Plaza; 3: Avenida; 4: Paseo; 5: Ronda; 6: Carretera; 7: Travesía; 8: Urbanización; 9.Otros

UNIVERSIDAD COMPLUTENSE DE MADRID

ESCUELA COMPLUTENSE DE VERANO
SOLICITUD DE INSCRIPCIÓN

CURSO SOLICITADO

CÓDIGO DEL CURSO: ☐ ☐ ☐   *(Ver Programa de Escuela Complutense de Verano 2002)*

NOMBRE DEL CURSO:_____

_____

TIPO DE MATRICULA

MATRÍCULA LIBRE ☐

MATRICULA SUBVENCIONADA (*) ☐
(*) Antes de solicitar este tipo de matrícula compruebe en el Programa del curso si dispone o no de ayuda subvencionada.

DATOS PERSONALES

APELLIDOS:

DNI:
PASAPORTE:
(Sólo para extranjeros)

NOMBRE:

EDAD ACTUAL:
GENERO: Varón ☐   Mujer ☐

LUGAR Y FECHA DE NACIMIENTO:_____   Día ☐ Mes ☐ ☐ Año ☐ ☐

DOMICILIO:_____
(calle, número, piso, letra)

CODIGO POSTAL:

LOCALIDAD / PROVINCIA / PAIS: _____ / _____ / _____

TELEFONO DE CONTACTO:
E-MAIL:

DATOS ACADEMICOS Y LABORALES

ESTUDIOS ACTUALES O NO COMPLETADOS *(Citar):*_____

_____

CURSO *(En caso de estar realizando actualmente algún tipo de estudios):* _____
UNIVERSIDAD O CENTRO *(Estudios no completados):*_____

TITULACION *(Estudios completados: Citar):*_____

_____

UNIVERSIDAD O CENTRO *(Estudios completados)*

TRABAJA ACTUALMENTE: Si ☐
                        No ☐

Sus datos personales quedarán incorporados a nuestro fichero con el fín de poder informarle sobre nuestras actividades. Ud podrá ejercer los derechos de acceso, rectificación, cancelación y oposición contempladas en la ley.

ETIQUETA DE REGISTRO

Dirección General de Investigación
Consejería de Educación
Comunidad de Madrid

Unión Europea
Fondo Social Europeo

CONVOCATORIA DE BECAS DE FORMACIÓN DE PERSONAL INVESTIGADOR
ANEXO - IMPRESO DE SOLICITUD

Nº de Expediente: 01/ /2002

1.- DATOS PERSONALES:

1er Apellido .... 2º Apellido..

Nombre .... N.I.F. .... Sexo ....

Dirección (calle o plaza, nº, piso) ....

C.P. .... Localidad .... Teléfono .... Nacionalidad....................

2.- DATOS ACADÉMICOS

Licenciatura o Ingeniería ....

Facultad o Escuela Técnica Superior..

Universidad .... Año de inicio de estudios .... Año de finalización ....

Calificaciones obtenidas:**(1)** Nº de MH .... Nº de SB .... Nº de NB .... Nº de AP .... Nota Media ....

Proyecto fin de carrera. Nota .... Universidad ....

¿Ha disfrutado de otra beca predoctoral? G Si G No

Entidad financiadora.................................... fecha inicio.............. fecha fin..............

Solicita la concesión de una beca de formación de personal investigador

3.-DATOS DEL TRABAJO DE INVESTIGACIÓN Y DEL CENTRO EN EL QUE SE REALIZARÁ EL PROYECTO

Título ....

....

Director : 1er Apellido.................... 2º Apellido.................... Nombre.................... N.I.F. ....

Universidad/Organismo .... C.I.F. ....

Facultad/Centro/Instituto ....

Departamento/Unidad ....

Dirección .... C.P. ....

Teléfono .... Fax .... E - mail ....

FECHA Y FIRMA DEL SOLICITANTE

En ....,

a .... de .... de 2002

FIRMA DEL DIRECTOR DE TESIS

Firma del representante legal del Organismo
en materia investigadora. **(2)** (firma y sello)
D/Dª..

Destinatario: Dirección General de Investigación

Las becas que son objeto de la presente solicitud están cofinanciadas en un 45% por el Fondo Social Europeo en el marco del Programa Operativo Objetivo 3, 2000-2006.

Los datos que se recogen se tratarán informáticamente o se archivarán con el consentimiento del ciudadano, quien tiene derecho a decidir quién puede tener sus datos, para qué los usa, solicitar que los mismos sean exactos y que se utilicen para el fin que se recogen, con las excepciones contempladas en la legislación vigente.

Para cualquier cuestión relacionada con esta materia puede dirigirse al teléfono de información administrativa 012.

CONTRATO DE ARRENDAMIENTO
DE FINCAS URBANAS

6.ª CLASE

0043663

EJEMPLAR PARA EL ARRENDATARIO

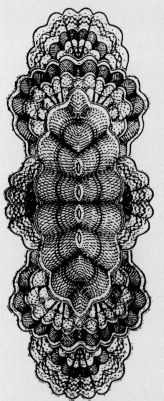

IDENTIFICACION DE LA FINCA OBJETO DEL CONTRATO

Finca, local o piso (1) .... cto. .....

Calle .... núm. .....

Ciudad .... Provincia .....

En ..... , a .....

de ..... de mil novecientos ..... ,

reunidos Don ....

..... , natural de ....

provincia de ..... , de ..... años, de estado

..... , y profesión ..... , vecino al presente

de ..... , con documento nacional

de identidad n.º .....

expedido en ....

con fecha ..... , en concepto de arrendatario, por

sí o en nombre de ....

como ..... del mismo (1), y Don .....

....

de ..... años, de estado ..... , vecino de .....

..... , con documento nacional de identidad

número ..... , expedido en .....

con fecha ..... , como (2) ..... , hemos

contratado el arrendamiento del inmueble urbano que ha sido identi-

ficado encabezando este contrato, por tiempo de (3) .....

..... , y precio de .....

..... pesetas cada

año, pagaderas por ..... , con las demás condiciones

que se estamparán al dorso.

Formalizado así este contrato, y para que conste, lo firmamos por

duplicado. Fecha ut supra.

EL ARRENDATARIO,   EL ARRENDADOR,

Impuesto sobre Transmisiones Patrimoniales y Actos Jurídicos Documentados.

Título Primero.—Transmisiones Patrimoniales.

Real Decreto legislativo 3.050/1980, de 30 de diciembre (B. O. del E. número 29, de 3 de febrero de 1981).

Artículo 12.1.—Podrá satisfacer la deuda tributaria mediante la utilización de efectos timbrados en los arrendamientos de fincas urbanas, según la siguiente escala:

Base	Pesetas
Hasta 5.000 pesetas	15
De 5.000,01 a 10.000 pesetas..	30
De 10.000,01 a 20.000 pesetas..	65
De 20.000,01 a 40.000 pesetas..	130
De 40.000,01 a 80.000 pesetas..	280
De 80.000,01 a 160.000 pesetas..	560
De 160.000,01 a 320.000 pesetas..	1.200
De 320.000,01 a 640.000 pesetas..	2.400
De 640.000,01 a 1.280.000 pesetas..	5.120
De 1.280.000,01 en adelante, 4 pesetas por cada 1.000 o fracción.	

Artículo 10.2.e).

En los arrendamientos servirá de base la cantidad total que haya de satisfacerse por todo el período de duración del contrato; cuando no conste aquél, se girará la liquidación computándose seis años, sin perjuicio de las liquidaciones adicionales que deban practicarse, caso de continuar vigente después del expresado período temporal; en los contratos de arrendamiento de fincas urbanas sujetas a prórroga forzosa se computará, como mínimo, un plazo de duración de tres años.

---

(1) *Táchese lo que no proceda.*
(2) *Expresar el carácter con que interviene, si es Dueño, Apoderado o Adminis- trador.*
(3) *Determinar el plazo de arrendamiento, si es por meses o años.*

CONTRATO DE ARRENDAMIENTO